No man can say,
No man remember, how many uses there are
For Oil of Roses as a cure for mankind's ailments.
Walahfrid Strabo (808–849)

Is ròs o Sharon mise, lili nan gleann.
Dàn Sholaimh ii, 1

Alba 1513

Nòta a thaobh a' Mhìosachain

CHA ROBH AM mìosachan *Gregorian* ga chleachdadh ann am Breatann an an 1513. Bhiodh fèillean nan naomh air an cuimhneachadh agus bhiodh am mìosachan *Julian* ann airson gnothaichean laghail msaa. Tha caibideilean na nobhail seo air an comharrachadh le fèillean na h-Eaglaise, leis a' cheann-latha *Gregorian* mar fho-sgrìobhadh taobh a-staigh chamagan. A thaobh nam fèillean ann an 1513, tha mi fada an comain an leabhair *Legends of Scottish Saints. Readings, Hymns and Prayers for the Commemorations of Scottish Saints given in the Aberdeen Breviary* deasaichte le Alan MacQuarrie (Four Courts Press Ltd, Dublin 2012).

RUGADH GRAHAM COOPER ann an 1953. Thogadh e ann an Siorrachd Obar Dheathain far an robh e air a bheò-ghlacadh leis na h-ainmean-àite Gàidhlig a bha ceithir thimcheall air. Thug e a-mach ceum dotaireachd agus sgrìobh e tràchdas ann an Oilthigh Obar Dheathain. Dh'obraich e mar lannsair ann an Alba, Sasainn is Èirinn a Tuath, agus mar obraiche saor-thoileach ann an Nepal. Chuir e ri eòlas meidigeach le pàipearan air obair-lannsa. Nuair a leig e dheth a dhreuchd, thòisich e air a' Ghàidhlig ionnsachadh aig Club Gàidhlig Obair Dheathain. Eadar 2012 agus 2016, rinn e cùrsaichean aig Sabhal Mòr Ostaig. Aig a' Mhòd ann an 2017, choisinn e duais Dhòmhnaill Iain Mhic Ìomhair le sgeulachd ghoirid. Tha Graham pòsta aig Eileen agus tha iad a' fuireach ann an Siorrachd Obar Dheathain. Tha dithis nighean aca – Cairistìona agus Ceiteag – agus dithis oghaichean, Eubha agus Ada. Tha e a' còrdadh ri Graham a bhith a' leughadh, a' cluich giotàr is sacsafon, agus a' bruidhinn ri a charaid dìleas anns a' Ghàidhlig, Dòmhnall Iain MacLeòid, Glinn Eilg.

Le ùghdar na nobhail:

Dà Shamhradh ann an Raineach, Luath Press, 2019

An Ròs a Leigheas

GRAHAM COOPER

Luath Press Limited
EDINBURGH
www.luath.co.uk

A' chiad chlò 2021

ISBN: 978-1-910022-59-7

Gach còir glèidhte. Tha còraichean an sgrìobhaiche mar ùghdar
fo Achd Chòraichean, Dealbhachaidh agus Stèidh 1988 dearbhte.
Chuidich Comhairle nan Leabhraichean am foillsichear
le cosgaisean an leabhair seo.

Chaidh am pàipear a tha air a chleachdadh
anns an leabhar seo a dhèanamh
ann an dòighean coibhneil dhan àrainneachd,
a-mach à coilltean ath-nuadhachail.

Air a chlò-bhualadh 's air a cheangal le
Bell & Bain Earr., Glaschu.

Air a chur ann an clò Sabon 11 le
Main Point Books, Dùn Èideann.

© Graham Cooper 2021

Gu Eileen

Trì Dealbhan

Trom-laighe an Rìgh

BHA AN OIDHCHE ann. An seòrsa oidhche lainnirich nach tachair ach ann an aislingean. Bha am bruadaraiche na aonar ann an coille. Anns an dubhar, bha solas ri fhaicinn a' deàlrachadh am measg nan craobhan.

Ghluais e a dh'ionnsaigh an t-solais – bha e a' tighinn tro bhallachan bothain chaolaich[1], a' sàthadh a-mach tro gach beàrn, a' gearradh dorchadas na h-oidhche le a lannan biorach geala.

Dh'fhosgail e doras ìosal a' bhothain agus chaidh e a-steach air mhàgaran. Bha an solas a' tighinn bho cheann, làmhan agus casan a' mhanaich a bha air a ghlùinean air beulaibh altarach bhig fhiodha.

Gu cinnteach, b' i mìorbhail a bha ann.

Bha am manach air chall ann an ùrnaigh, *'libera me de sanguinibus Deus Deus salutis meae...'*[2]

Am b' e an Naomh Dubhthach fhèin a bha ann?

Ghluais e air adhart le iongantas ged a bha eagal a' sìor fhàs na chridhe.

A-nis bha e ri taobh gualann a' mhanaich. Dh'fheith e gun charachadh, a theanga cho tioram 's gun robh i a' leantainn ri a ghiall.

Stad an ùrnaigh. Thionndaidh am manach thuige mean air mhean agus dh'fhosgail e a shùilean.

Chlisg am bruadaraiche le uamhann. B' e athair fhèin am manach, a shùilean gun tròcair, gun mhaitheanas.

Dhùisg e anns a' bhad, a' plosgartaich.

---

1 Faic faclair aig deireadh an leabhair.
2 Saor mi o chionta fala, a Dhè, a Dhè mo shlàinte. Salm li, 14

Soraidh Slàn an Lighiche

'Tha leanabh mic agaibh, a Mhgr Eanraig.'
'Taing do Dhia, a Mhàiri!'
B' aithne dha an t-seann bhean-ghlùine fad a bheatha. Bha fiamh anshocrach na sùilean. 'Bu chruaidh a saothair.'
Ghluais e a dh'ionnsaigh doras an t-seòmair-leapa.
Chuir i a làmh air a ghàirdean gu h-aotrom agus chrath i a ceann. 'Chaill i fuil. Cus fala.'
Thachair e o chionn bliadhna gus an dearbh latha seo, Fèill Naoimh Sheumais, an t-Abstol, seachdain ron Lùghnasa.

Tha e ga leigeil fhèin air a ghlùinean gus an suath e ris an lic-uaighe a chomharraicheas far an do chuir iad a duslach fo làr Eaglais Naoimh Bheanain. Clach shnaighte, cho brèagha 's a bha a beatha – snaidhmean agus ròsan, agus bradan a' snàmh gu farsaingeachd a' chuain mhòir. Is math a rinn clachairean Sàghadail, agus na seòladairean a thug an leac thairis air a' chaolas a dh'Eilean Bhòid air feasgar ciùin samhraidh an-uiridh.

Ciamar a dh'fhairicheadh e slàn gu bràth tuilleadh? Dh'fhuasgail e an uiread de dhaoine bho chunnart am beatha ach ise, ise a bha cho mùirneach aige ri cloich a shùla, cha robh comas aige a sàbhaladh. Bidh an smaoin ga bhuaireadh a latha 's a dh'oidhche – mura robh iad air coinneachadh idir, bhiodh ise fhathast beò.

An-diugh, tha e an seo gus soraidh slàn fhàgail aice. Dìreach mar a rinn a shinnsearan, feumaidh e falbh às an eilean agus àite a ghabhail ann an seirbheis an rìgh. Bidh Gille-Chrìosd, am mac aca, sona sàbhailte a' fuireach còmhla ri a bhràthair agus a theaghlach.

Tha e ag èirigh air a chasan. Mu choinneamh na h-altarach, tha e a' cur comharradh na croise air fhèin agus a' falbh.

Gur Cur an Aithne an Amadain

Thoir maitheanas do dh'fhaoineas an amadain, ach cò eile a sgrìobhas? Tha na h-eòlaichean trang gan deasachadh fhèin airson cath.

Is mise Tòmas, amadan Rìgh Sheumais a Ceithir.

Tuigidh tu gu bheil corra amadan aig an rìgh ach cha rachadh duine nam aghaidh nan canainn gur mise an t-amadan as fheàrr leis. Carson? Chan eil fios agam. Chan e gu bheil mi eireachdail an aodann no bodhaig. 'S i an fhìrinn a tha ann gu bheil falt ruadh orm, dìreach mar fhalt an rìgh, ach chan eil mi àrd no tapaidh idir. Tha mi crùbach – bha tinneas orm nam òige agus dh'fhàg e seargte mo chas dheas. Feumaidh gu bheil an eirmse agam a' còrdadh ris an rìgh – agus gu bheil e ag earbsadh asam.

Ach cha tig bàidh an rìgh leatha fhèin – bidh cunnartan ann na lùib. Anns a' chiad dol-a-mach, bidh farmad aig fir na cùirte rìoghail den bhuaidh a tha agam air. A thuilleadh air sin, bidh an t-èideadh dathach agus na clagan agam – suaicheantasan mo dhreuchd – a' cur nan uaislean agus nan cùirteirean air an socair. Bidh iad a' dìochuimhneachadh gu bheil cluasan agam – agus iadsan le am beul air an gualainn. Chuala mi cus.

Gu ruige seo, tha mi air am puinnsean agus an sgian a sheachnadh. Gu ruige seo, cha robh dad agam ri ghiùlan ach aoir.

A rèir bàrd na cùirte, Mgr Uilleam Dunbar, bha m' athair na fhamhair borb, sìol Chàin, murtair olc Ghàrradh Edein. B' i bean-shìthe a bha nam mhàthair, a ghin mi le draoidheachd dhuibh. Is mise, mas fhìor, an Ridire Tòmas Moireibh, ridire caomh, làn treubhantais; sgiùrsair nàimhdean an rìgh; gleacadair treun; agus dannsair ealanta, cho aotrom ri iteig. Chan eil aon ghainmhein den fhìrinn ann, ach is cruthachail eirmse a' bhàird.

A thaobh mo shinnsearan, chan eil am fiosrachadh agam a cheartaicheadh Mgr Dunbar. Canaidh iadsan a bhios ri miodal gu bheil fuil nan Stiùbhartach a' ruith nam chuislean, ach cha b' aithne dhomh m' athair agus tha a' chuimhne agam air mo mhàthair fann ged a tha i prìseil dhomh. Bha i na searbhanta do na Gòrdanaich ann an Caisteal Hunndaidh, agus sin far an do dh'fhuirich mi an dèidh a bàis. Chan eil fios agam carson a chaochail i. Cha robh annam ach balach aig an àm.

    Bha mi fortanach ann an da-rìribh gun d' fhuair mi foghlam agus obair ann an taigh an Iarla Ghòrdain. A rèir coltais, bha liut agam mar fhear-ciùil agus mar mhearaiche. Mar a thachair, fhuair an Rìgh Seumas cuid-oidhche aig a' chaisteal o chionn dusan bliadhna fhad 's a bha e air chuairt gu Baile Dhubhthaich. Chòrd mo sgilean ris. Tha mi air a bhith nam amadan ann an cùirt an rìgh bhon uair sin. Tha mi air mo dhìcheall a dhèanamh. Chan urrainn dhomh gun a bhith ag innse na fìrinne dha – cha bhi àite ann do dh'fhear nam breug air nèamh. Agus tha eagal orm ron a' bhàs – tha agus air an rìgh.

Leabhar-latha Thòmais

Earrann a h-Aon

An Rathad a Bhaile Dhubhthaich

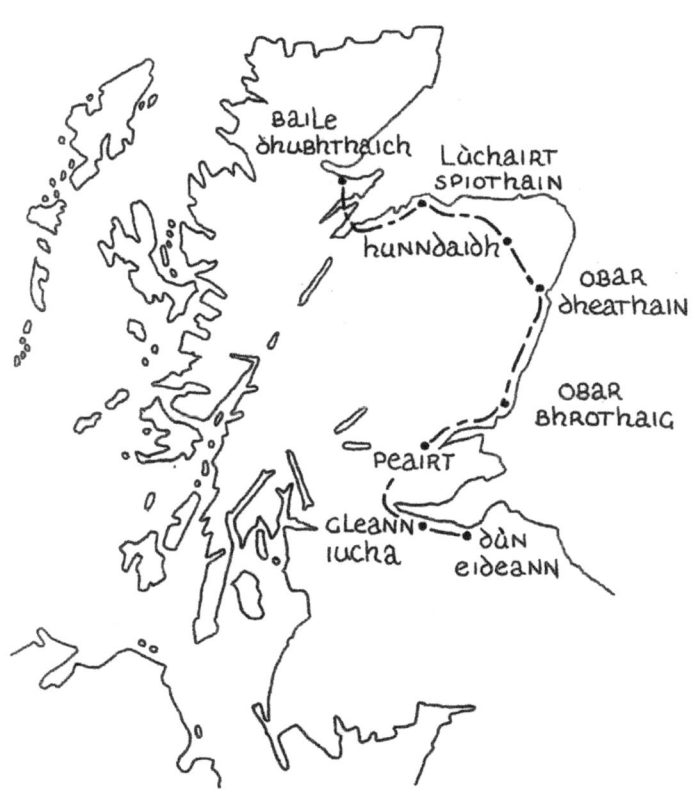

Lùchairt an Ròid
Fèill Sancti Oswaldi, Rìgh agus Martair
(Dimàirt 5 an Lùnastal 1513)

'CHAN EIL ROGHAINN eile againn ach a dhol a chogadh an aghaidh nan Sasannach, a Shir. Tha na h-àrd-uaislean an dùil ris. Tha na h-àrd-uaislean ga iarraidh. Bhon a thug sibh an àithne dhaibh, tha iad air a bhith gan deasachadh fhèin. Tha iad air na fir-airm aca a ghairm agus air an uidheam-chogaidh aca a chur an òrdugh.'

Tha Pàdraig Paniter, rùnaire pearsanta an rìgh, a' labhairt le cumhachd agus le ùghdarras – bidh e an-còmhnaidh a' cur a bheachdan an cèill gu dìreach gun smaoin a thoirt air taobh rèidh a chumail ris an Rìgh Seumas. 'S e sgoilear cliùiteach a tha ann – fhuair e foghlam ann an oilthigh Pharis agus tha e na charaid don fheallsanach ainmeil, Erasmus – ach a dh'aindeoin sin, bidh boillsgeadh beag den chrochaire a' nochdadh na shùilean aig amannan. A-nochd, tha a mhailghean mòra dubha a' teannadh ri chèile le sàrachadh.

Cumaidh mi nam thost nuair a bhios e a' bruidhinn. Cha bhi e a' giùlan gu toileach le amadain – mise nam measg. Bidh na searbhantan-bùird air bhioran – chan eil a chridhe aca fiù 's anail a tharraing. Cha chluinnear brunndail no comhartaich bho na coin. Tha an rìgh ag earbsadh às, ge-tà – bha an rùnaire na oide do dhithis de a mhic. Tha e a' cur luach air a chomhairle ach, nuair a thig e gu cuspairean cudromach mar an cogadh, an nì as miann leis, sin a nì e.

'Tha mi a' gabhail ri do bheachd, a Phàdraig, ach 's dòcha nach bi feum air blàr fosgailte. Nuair a chithear neart agus meud an airm Albannaich ann an Srath Thuaidh, bidh na Sasannaich fo uamhann. 'S e a tha fa-near dhuinn, mar a thuigeas tu, aire Eanraig Shasainn a tharraing air falbh bhon ionnsaigh mhì-chiataich aige an aghaidh na Frainge. Sin cnag na cùise. Agus tha a' mhòr-chuid den arm Shasannach thall anns an Fhraing. Chan fhaic mi blàr fuilteach air fàire.'

Tha fiamh a' ghàire air aodann an rìgh agus e na shuidhe ann an cathair mhòir a' gabhail air a shocair.

Chan ionnan smaointean Phàdraig Paniter agus smaointean an rìgh air na tha romhainn ann an Northumberland. Tha dùil aig an rùnaire ri àrdachadh pearsanta mar thoradh air a' chogadh. A thuilleadh air sin, chòrdadh e ris gu mòr beum a thoirt do na Sasannaich. 'S dòcha nach robh iad a' tighinn ri a chàil a-riamh, ach tha e air a bhith a' gìosgail fhiaclan air giùlan an Rìgh Eanraig a h-Ochd agus beachdan na Pàrlamaid Shasannaich aige.

Tha sealladh an rìgh gu tur eadar-dhealaichte. Tha e gràsmhor na nàdar. Air feadh an t-saoghail mhòir, tha spèis aig na h-uile air mar rìgh glic crìonna comasach. Tha na buadhan aige air muinntir na h-Alba a thàthadh ri chèile mar nach fhacas a-riamh roimhe.

Tha an rìgh a' tionndadh thugam, 'A Thòmais, a bheil beachd agad fhèin, rudeigin a bu toil leat cur ri ar còmhradh.'

Tha fios agam, ma bhruidhneas mi gu h-onarach, gum fiosraich mi tàir an rùnaire.

'B' fheàrr leam gun sibh a dhol a chogadh, a Shir. Bidh cunnartan ann. Nuair a tharraingear an claidheamh às an truaill, tha e coma cò a ghearras e. Is glic an rìgh a cheannsaicheas an nàmhaid gun a bhith ga chleachdadh.'

Mar a bha mi an dùil, chan eil m' fhaclan a' còrdadh ri Pàdraig Paniter. Chì mi gu bheil pìos beag seile air nochdadh air fheusaig. Tha e a' freagairt le guth àrd sgaiteach.

'B' fheàrr dhut faire a chur air do bhilean, amadain. Tha feadhainn ann a ghearradh d' amhach gan dèanamh balbh.'

'Fòghnaidh sin, a Phàdraig.' Tha an rìgh a' tighinn a sheasamh mo chòrach, 'Bha mi ag iarraidh a bheachd. Thug e dhomh e. Sin deireadh a' ghnothaich.

'Agus a Thòmais, na bitheadh eagal ort. Nan gearradh fear sam bith d' amhach, chrochainn e air a' chroich a b' àirde taobh a-staigh leth-uair a thìde.'

'Tapadh leibhse, a Shir, ach cha bhiodh sin na chofhurtachd dhomh idir. B' fheàrr leam gun cuireadh sibh am murtair an grèim leth-uair a thìde mus tarraingeadh e a sgian. Chuala mi, uair, gur fheàrr am fear a nì tuairmse cheart mus tachair olc na esan a dh'fheumas dìoghaltas a dhèanamh às a dhèidh.'

Is fheàirrde daoine gàire.

Tha an Rìgh a' bruidhinn ris an Amadan

'Tha mi a' tuigsinn carson a tha thu fo chùram, a Thòmais. 'S e duine dìleas a tha annad. Ach feumaidh tu d' earbsa a chur annam a thaobh a' chogaidh seo. Is ceart ar cùis, agus nan tigeadh e gu blàr fosgailte, dhèanadh Dia cobhair oirnn.'

'Tha mi toilichte sin a chluinntinn, a Shir. Ach chuala mi iomradh nach bi eagal sam bith oirbh ron nàmhaid. Cha bhi sibh a' toirt an aire oirbh fhèin ann an sreath aghaidh a' bhlàir.'

'Is iad sin faclan an tosgaire Spàinntich, Pedro Ayala, a thàinig gam sgrùdadh às leth Rìgh Ferdinand agus Banrigh Isabella na Spàinne o chionn beagan bhliadhnaichean.' Tha an rìgh a' dèanamh gàire, 'Ach bidh cuimhne agad gun robh mi na b' òige anns na làithean ud. Le bhith ag ràdh sin, ge-tà, tha mi fhathast den bheachd gum bu chòir do rìgh sam bith seasamh aig ceann an airm air blàr a' chogaidh. 'S e a dhleastanas a tha ann. Faodar a bhith cinnteach nach biodh cogadh ann idir mura biodh e ga mhiannachadh. Ged a bhios na saighdearan aige ann an cunnart am beatha, bidh iad gun choire anns a' chùis. Aig a' char a bu lugha, bu chòir don rìgh cridhe agus treubhantas a nochdadh dhaibh.

'An turas mu dheireadh a thug sinn ionnsaigh air Northumberland – o chionn còrr is còig bliadhna deug – cha do dhòirteadh mòran fala. Bha arrabhaig no dhà ann. Chuir sinn sèist ri grunn chaistealan. Aig deireadh an latha, thill na saighdearan a Dhùn Èideann leis an ionmhas aca. Bha a h-uile duine air an dòigh.'

Feumaidh gu bheil an teagamh ri fhaicinn fhathast nam shùilean oir tha e a' leantainn air ann an guth nas sòlaimte.

'Dh'aidichinn, ge-tà, gu bheil adhbhar nas cudromaiche ann air cùlaibh ar n-ionnsaigh an turas seo. Rinn mi cùmhnant leis na Frangaich agus tha mi a' dol ga ghleidheadh. Chan eil roghainn agam ach Eanraig Shasainn a pheanasachadh – chuir e a chùl ris a' comhairle ghlic a thug mi dha agus, air an dearbh latha seo, tha e a' dèanamh fòirneart ri ar co-oghaichean Frangach.

'Ach, mar a tha fios agad, tha tuilleadh ann. Cò nach biodh air a shàrachadh le Eanraig Tudor? Chan ann dìreach gu bheil e uaibhreach agus crosta – tha e òg fhathast. Ach dh'fheumte beachd a ghabhail air murt an Ridire Raibeirt Ker le Iain Heron air latha fosadh-aimhreite – cha tug an dara cuid Eanraig òg no athair èirig dhomh airson na droch-bheirt ud. An uair sin dh'fhaodte iomradh a dhèanamh air a' mharaiche an Ridire Anndra Barton agus an sgioba aige: eadar 's gun robh e na spùinneadair-mara no nach robh, mhurt na Sasannaich e agus ghabh iad na luing-chogaidh aige, luing Albannach. B' e gnìomh ainneartach a bha ann agus b' e Eanraig a bu choireach. Agus tha e air diomb a chur air a' Bhanrigh Mairead – tha e air diùltadh uair agus uair dìleab a h-athar a thoirt dhi. Chan aithnichear adhbhar sam bith airson a ghiùlain mhì-chiataich ach mì-rùn. An ann nach eil e ag iarraidh gabhail ris an fhìrinn fhollaisich? Mura bi clann aige, gur e mise an t-oighre dligheach air rìgh-chathair Shasainn às a dhèidh.

'Biodh sin mar a bhitheadh, a Thòmais, dh'fheumainn a ràdh nach eil cabhag sam bith orm a bhith gam chur fhìn air rìgh-chathair Shasainn. Ach tha Banrigh Anna na Frainge air iarraidh orm a dhol trì troighean a-steach a Shasainn às leth a h-onaire.

Sin a tha romham a dhèanamh agus 's dòcha nach dèan mi càil a bharrachd. Air an làimh eile, chòrdadh e rium a bhith a' gabhail smachd air Caisteal Norham an turas seo. Fhuair mi briseadh-dùil nuair a bha agam ris an t-sèist a thrèigsinn ann an 1497.

'Na bitheadh eagal ort, a Thòmais. Gabh beachd air ciamar a chuir mi seachad na bliadhnaichean bhon t-sèist ud. Tha mi air innleachdan-cogaidh agus peilear-eòlas a sgrùdadh gu mionaideach leis na fir as fhiosraichte air an t-saoghal agus tha mi air cur ri gunnachan-mòra na h-Alba.

'Agus dè mu mo dheidhinn-sa?' tha an rìgh ag ràdh, na shuidhe gu dìreach na chathair, agus pròis na ghuth. 'Nach eil mi deas chum cath? Nach do bhuannaich mi làmh na Tè Duibhe anns a' chath-chleasachd ann an Dùn Èideann o chionn beagan bhliadhnaichean? Tha mi an dà chuid deiseil agus deònach airson na tha romhainn. Chan eil mo bheatha ann an cunnart. Chan eil rìoghachd na h-Alba ann an cunnart.'

'Tapadh leibhse, a Shir. Tha sibh air cofhurtachd a thoirt dhomh,' tha mi a' freagairt, le tuilleadh misneachd na tha mi a' faireachdainn ann an da-rìribh.

Tha an rìgh ag èirigh air a chasan mar chomharradh dhomh gu bheil an t-àm agam falbh.

'Caidil gu math, a Thòmais.'

Lùchairt Ghlinn Iucha
Cruth-atharrachadh an Tighearna
(Diciadain 6 an Lùnastal 1513)

THA AN RÌGH Seumas an-fhoiseil. Nochd taibhse air a bheulaibh aig àm na h-Ùrnaigh Fheasgair le rabhadh gruamach dha. Rinn sin làrach cho mòr air 's gu bheil e a' dol a dh'atharrachadh a' chlàir-ghnothaich aige airson na seachdaine seo tighinn.

Bha an latha air tòiseachadh gu math – an rìgh air muin eich a' cumail sùil air a' bhanrigh agus air a' Phrionnsa Seumas fhad 's a bha iad air chuairt bho Dhùn Èideann gu Lùchairt Ghlinn Iucha. Bha latha brèagha ann, blàth ach le oiteagan gaoithe a thug faothachadh do na cùirteirean anns a' chuideachd mhòir. A dh'aindeoin sgàil a' chogaidh, bha coltas ann gun robh a h-uile duine ann an deagh shunnd – bha sùil aca ri trì no ceithir latha anns an lùchairt bhrèagha seo mus rachadh iad a dhaingneach Caisteal Shruighlea.

Mun naoidheamh uair den latha bha sinn air oitir a deas Loch Ghlinn Iucha. Is beag an t-iongnadh gu bheil an rìgh agus a' bhanrigh cho measail air an àite seo as t-samhradh. Tha an loch agus na coilltean mar leigheas do na sùilean an dèidh salchar nam bailtean – agus bidh cothroman am pailteas annta airson iasgach agus sealgaireachd. Ach 's i àilleantachd an taighe mhòir fhèin a bhios a' cosnadh bàrr-urram.

Tha an lùchairt na seasamh air rubha air taobh deas an locha, Eaglais Naoimh Mhìcheil ri a taobh. Le chèile, thug iad sealladh tlachdmhor dhuinn fhad 's a bha sinn a' teannadh dlùth orra ged a b' e am Prìomh Dhoras an Ear, mar as àbhaist, an sealladh a bu mhotha a bhuail oirnn: an drochaid àrd chun nan còmhlachan mòra; an suaicheantas rìoghail os cionn an dorais a' deàrrsadh le airgead agus le òr. B' e sinn-sinn-seanair an rìgh, an Rìgh Seumas a h-Aon, a dhealbh an doras seo. Ach taobh a staigh na cùirt-liosa agus nan togalaichean fhèin, tha gach nì air a bhith air ath-chruthachadh a rèir toil a' mhaighstir agam fhìn. Mar thoradh air seo, feumaidh na cùirteirean cumail air chuimhne gur ann an Alba a tha iad agus nach ann ann an lùchairt Fhrangaich no Spàinntich. Anns gach ceàrn, chì iad a' chuid as fheàrr de na tha fasanta anns na lùchairtean Eòrpach – na grèis-bhratan, an t-àite teine trì-fhillte anns an talla mhòir, bogha àrd àrd staidhre na banrighinn. Ach nam bharail-sa, chan eil nì nas fheàrr na an caibeal air ciad làr an togalaich a dhealbh an rìgh fhèin – 's toil leam gu mòr na sailean-tarsainn snaighte a' nochdadh ainglean a' cluich innealan-ciùil, agus na h-uinneagan àrda Ròmanach a' coimhead chun na h-àird' a deas.

Mas ann toilichte a tha an rìgh leis na seòmraichean seo, tha a' bhanrigh nas toilichte buileach. Thug e an lùchairt dhi mar thiodhlac-bainnse a chuireadh an cèill an gaol ridireach a bha, agus a tha, aige oirre. Tha na tùs-litreachan 'JS' agus 'MT' suainte ri chèile rim faicinn a' sgeadachadh a h-uile pìos fiodha agus cloiche, cha mhòr. B' ann an seo a chuir iad seachad na làithean a bu shona bhon a phòs iad. Anns na bliadhnaichean a dh'fhalbh, b' àbhaist dhaibh a bhith a' gabhail còmhnaidh an seo fad trì seachdainean thairis air an t-samhradh, a' mealtainn na cuideachd agus an spòrs. Agus an-uiridh, an dèidh briseadh-cridhe ann an Dùn Èideann agus Sruighlea, rugadh am prionnsa prìseil aca ann an Lùchairt Ghlinn Iucha.

Bha fios aig na h-uile gun robh fiughair mhòr aig a' bhanrigh ris na làithean a bha roimhpe an seo – bhiodh cothrom aice bruidhinn ris an rìgh gun duine sam bith a' tighinn a-steach air an còmhradh. Agus nam biodh e comasach dhi buaidh a thoirt air, 's ann an seo a dhèanadh i a' chùis. Tha eagal orm gu bheil an taibhse air cur às don dòchas aice.

**

'S e duine cràbhach a tha anns an rìgh. 'S toil leis a bhith a' cluinntinn an Aifrinn tràth anns a' mhadainn a h-uile latha agus a' dèanamh ùrnaigh còmhla ri sagart aig uair na h-Ùrnaigh Fheasgair. An-diugh, ge-tà, mar chomharradh air an latha àraidh seo, bha Ùrnaigh Fheasgair shònraichte gu bhith ann. Bha còisir a' Chaibeil Rìoghail ann an Sruighlea air tighinn a Ghleann Iucha gus an ceòl a b' annsa leis an rìgh a sheinn. Bha iad a' dol a ghabhail *Bone Iesu* le Mgr Raibeart Carver – ceòl òirdheirc a chaidh a sgrìobhadh mar chuimhneachan air bàs an Rìgh Sheumais a Trì o chionn còig bliadhna air fhichead.

Nuair a ghabh an rìgh a' chathair aige ann an cros-lann a deas na h-eaglaise, bha an togalach loma-làn. Bha mòran dhaoine nan seasamh anns na trannsaichean ged a bha mise nam shuidhe. Cha robh mi faisg air an rìgh ach bha mi ga fhaicinn gu soilleir.

An dèidh don chòisir crìoch a chur air a' *Bhone Iesu*, bha sàmhchair ann. Bha mi an dùil gun seasadh an t-Easbaig Arnot airson am Beannachadh agus an Leigeil air Falbh a dhèanamh. Ach mus robh cothrom aige bruidhinn, nochd taibhse neònach, mar gun do dh'èirich e tro leacan an làir. Bha e àrd, caol agus 's dòcha timcheall air leth-cheud bliadhna a dh'aois. Ged a bha mullach a chinn maol bha am falt bàn air a leth-chinn cho fada 's gun robh e a' suathadh ri a ghuailnean. Bha fallaing ghorm ga chòmhdach gu ruige adhbrann. Ghluais e gus an robh e na sheasamh mu choinneamh an rìgh. Cha do lùb e a ghlùn. Cha do chrom e a cheann. Bha fiamh àrdanach uaibhreach air aodann fhad 's a choimhead e gu geur air an rìgh. Dh'èirich an Ridire Daibhidh Liondsaidh agus Iain Inglis air an casan feuch an cuireadh iad an taibhse an grèim, ach rinn an rìgh comharradh dhaibh leigeil leis. 'S e fear calma treun a tha anns an rìgh. Cha bhiodh eagal air ro dhuine sam bith.

Bha na h-uile a' feitheamh nan tost, gun charachadh. An uair sin thòisich an taibhse ghorm ri labhairt ann an guth domhainn a chualas air feadh na h-eaglaise, 'A Rìgh Sheumais na h-Alba, 's e mo mhàthair a chuir an seo mi le facal ann an deagh àm dhuibh. Seo e. Ma thèid sibh a chogadh, bidh ceannach agaibh air agus aig na fir nur cuideachd. Tha tuilleadh ann: na èistibh ri comhairle nam ban; na beanaibh rim bodhaig agus na ceadaichibh dhaibh an làmhan a chur oirbhse.'

Bha dath luaithre air aodann an rìgh. Dh'fhosgail e a bheul mar gun robh e a' dol a bhruidhinn, ach thionndaidh an taibhse air a shàil agus rinn e a shlighe tron t-sluagh a dh'ionnsaigh doras siar na h-eaglaise. Chan fhaca na fir-airm a bha a' coimhead taobh a-muigh an dorais duine sam bith a' falbh bhon eaglais aig an àm sin. Bha an taibhse air a dhol à fianais mar nach robh e ann a-riamh.

An dèidh dhaibh am biadh a ghabhail còmhla, tha an rìgh agus a' bhanrigh a' teannadh ri còmhradh. Tha a' bhanrigh a' coimhead àlainn: tha a h-aodann cho bàn ris a' chanach an coimeas ris na dualan de dh'fhalt donn a tha rim faicinn fon churrac aice; tha i sgeadaichte ann an gùn sròlach gorm a' deàrrsadh le flùraichean beaga òir. Mar an nighean a bu shine a rugadh do dh'Eanraig a Seachd agus do dh'Ealasaid, a' bhanrigh aige, 's ann uasal a tha a giùlan – mar a bhiodh dùil, tha i buailteach a bhith àrdanach agus mì-reusanta aig amannan. Tha coltas oirre gu bheil i caran frionasach a-nochd.

'Tha mi gu dearbh duilich, a Mhairead, ach tha mi a' dol a dh'fhalbh a-màireach air taistealachd a Bhaile Dhubhthaich a dhèanamh ùrnaigh aig eaglais an naoimh.'

'Ach a Sheumais, a bheil ùine gu leòr agad? Nach bu chòir dhut a bhith faisg air Dùn Èideann fhad 's a bhios na h-àrd-uaislean gan deasachadh fhèin chum cogadh?'

'Cha toir an taistealachd ùine mhòr. A bheil cuimhne agad gun deach mi a Bhaile Dhubhthaich air muin eich taobh a-staigh dà latha o chionn beagan bhliadhnaichean? Cha dèan mi sin an turas seo ach bidh mi a' siubhal gu sgiobalta – cha bhi cuideachd mhòr còmhla rium. Chan eil mi cinnteach dè a smaoinichinn mun fhear ghorm, taibhse, ma b' fhìor, a bhruidhinn rium feasgar ach shuidhich e m' inntinn air seo – bu toil leam a bhith cinnteach air eadar-ghuidhean an Naoimh Dhubhthaich. Ma bhios an Dia uile-chumhachdach a' seasamh ar còrach anns a' chath, cha bhi adhbhar eagail againn idir. Nach eil thu ag aontachadh leam?'

'Bidh tu a' cur do dhòchais ann an ùrnaighean an naoimh seo, am bi?'

'Bithidh. Am faod mi cur nad chuimhne-sa gun do chuir thu do dhòchas fhèin ann an ùrnaighean an Naoimh Dhubhthaich o chionn dà bhliadhna. Mar thoradh air sin, rugadh Seumas, ar prionnsa gràdhach. Nach eil mi ceart?'

Tha fiamh a' ghàire a' nochdadh airson tiotan air aodann na banrigh mus lean i air adhart gu sòlaimte, 'Tha. Ach am faod mise cur nad chuimhne-sa, a Sheumais, gu bheil mi fo iomagain a thaobh na slighe a tha fa-near dhut. Tha thu an dùil ionnsaigh a thoirt air rìoghachd mo bhràthar – tha sin dona gu leòr. Ach nas miosa buileach, ciamar a dhèiliginn ris nam biodh tu fhèin air do dhroch leòn? Tha thu a' toirt iomradh air a' Phrionnsa Seumas – chan eil ann ach leanabh. Nam biodh tu air do mharbhadh, ciamar a chumamaid oirnn? Nach eil mi air gu leòr a chall thairis air na bliadhnaichean? Nach eil mi air tuilleadh 's a' chòir de bhròn a ghiùlan mar-thà?'

'Tha mi duilich a bhith a' cur rid uallach, ach 's i an onair a tha gam èigneachadh ri dhèanamh. Cha chan mi dad air mìcheartas do bhràthar, no luaidh air a mhì-mhodh agus uaibhreas a tha mi air a ghiùlan gu foighidneach gu ruige seo. Ach rinn mi cùmhnant an-uiridh le Louis na Frainge. Thug sinn gealladh dha chèile gun toireadh gach fear againn ionnsaigh air Sasainn nan tigeadh Eanraig an aghaidh an fhir eile, agus tha do bhràthair agus arm-san ann an taobh tuath na Frainge an-dràsta a' cur sèist ris na bailtean. Tha mi air Ridire Uilleam Cuimean Inbhir Aileachaidh a chur thuige le litir bhuamsa ach cha dèan e diofar sam bith. Tha ar cùis ceart. Agus bho nach eil air fhàgail ann an Sasainn ach Iarla Surrey, is cinnteach nam biodh còmhstri ann nach maireadh e fada.'

'Nach eil e caran neònach gum bi thu a' sabaid an aghaidh

an iarla. Dh'fhàs thu gu bhith measail air nuair a bha e ann an Dùn Èideann o chionn beagan bhliadhnaichean. Saoil a bheil esan a' creidsinn cuideachd gu bheil a' chùis aige ceart?'

Tha fios aig a' bhanrigh gu bheil i air fearg a chur air an rìgh leis na faclan seo, an ruadhadh na gruaidh follaiseach a dh'aindeoin a' phùdair-aodainn bhàin.

'Na cuir an suarachas Iarla Surrey,' tha i a' leantainn oirre. ''S e saighdear eòlach a tha ann agus tha fios aige nach i uaisleachd àrd a bhuannaicheas anns a' chath. Nach do choisinn m' athair fhèin a chrùn air blàr a' chatha nuair a chuir e às do rìgh a bha cinnteach gun robh Dia a' seasamh a chòrach? Bidh tuigse agad gun cuala mi uair agus uair mu Bhlàr Achadh Bhosworth nuair a bha mi nam nighinn. Rinn an Rìgh Ridseard mearachdan mar thoradh air fraochan fheirge. Bha e air a ghearradh na bhloighean mu fhad slèigh bhom athair, agus e a' feuchainn gu dian ri a ruigsinn.'

Tha an rìgh a' freagairt gu ciùin ged a tha aodann geal, 'Tha mi a' gabhail ri do bharail, a Mhairead, ach chan eil thu eòlach air innleachdan-cogaidh. Tha mise. Fàg agamsa e, mas e do thoil e.'

'Tha thu suidhichte air an t-slighe gu cogadh, a Sheumais. Nì mi ùrnaigh gun stad às do leth. Tha mi an dòchas gum bi cothrom agad èisteachd ri comhairle an Easbaig Elphinstone air an rathad gu tuath.'

'Nì mi sin, gun teagamh sam bith. 'S e comhairle ghlic a bhios aige tha mi cinnteach. Tha an t-easbaig ann an Obar Dheathain agus gheibh sinn tàmh na h-oidhche anns an lùchairt aige. Bruidhnidh mi ris, air m' fhacal. Ach nan ceadaicheadh tu dhomh e, bu toil leam dèanamh deiseil airson na taistealachd.'

Tha an Rìgh a' bruidhinn ris an Amadan

'Tha thu fortanach, a Thòmais. Faodaidh tu bean a phòsadh a rèir do thoil fhèin.'

'Gabhaibh mo leisgeul, a Shir?'

Tha an rìgh caran troimh-a-chèile fhathast an dèidh dha a bhith a' trod ris a' bhanrigh.

'Chan eil thu nad rìgh, a Thòmais. Mar sin dheth, faodaidh tu an tè air a bheil gaol agad a phòsadh. A thuilleadh air sin, mura biodh sibh den aon bheachd air cuspair sam bith, cha bhiodh am mì-chòrdadh agaibh ann am beul a' bhaile. Bu chòir dhut a bhith a' cumail cluas ri claisneachd gun fhios nach tig am Fortan a ghnogadh air an doras agad.'

'Ach nam bithinn ag iarraidh cluinntinn bhon Fhortan air a' chuspair seo,' tha mi a' freagairt, 'nach b' fheàrr dhomh an doras agam fhàgail fosgailte? Nan dèanainn sin, cha bhiodh feum aige air gnogadh idir.'

'Tha sin a' dèanamh ciall,' tha an rìgh ag ràdh le leth-ghàire. 'Ach tha mi air tighinn don cho-dhùnadh nach eil mi math air gaol, anns an t-seagh as doimhne. Tha am Fortan air tighinn a thadhal orm tòrr thursan ach gaol… An robh gaol agam a-riamh? Gaol nach robh air a mhilleadh le miann na feòla air an taobh agamsa, no le miann àrd-amais no inbheachd air an taobh eile.'

A bheil ruadhadh air tighinn air mo ghruaidh? Tha iad ag ràdh gur e mac an duine an aon chreutair air an t-saoghal a bhios ri ruadhadh – no aig am bi adhbhar no feum air.

'Gabh mo leisgeul. Tha mi a' dèanamh dìmeas air cuimhne Mairead Drummond, gun robh fois shìorraidh aig a h-anam. Agus anns na bliadhnaichean tràtha, gun teagamh, bha Janet Cheanadach a' toirt air ais dhomh an aon ghaol lasrach a bha agam oirre.

''S dòcha gun do dh'fhiosraich mi gaol ach nach do mhair e. Cha do chùm mi ris. 'S dòcha gu bheil laigse annam. Dìth dìlseachd? Ach gabh beachd air a' chloinn a rugadh do na leannain agam – tha mi air a bhith dìleas dhaibhsan agus tha mi gan gràdhachadh lem uile chridhe. Gabh beachd air Alasdair, a' chiad-ghin mhic agam. B' i Marion, mathair Alasdair, a' chiad leannan a bha agam a-riamh.'

Tha an rìgh a' tachais craiceann a làimhe clìthe.

'Marion bhochd – bha an dithis againn cho òg, ach bha ar gaol buannachdail do na cealgairean a bha gam chomhairleachadh mus tàinig mi gu aois. Gu ìre, bha sinn gar mealladh. Ach Alasdair a rugadh dhuinn… thar gach fir eile, is esan cnàimh de mo chnàmhan, feòil de m' fheòil-sa.'

Tha sàmhchair ann airson greis. Tha an rìgh cho moiteil à Alasdair. Fichead bliadhna a dh'aois a-nis, tha e na fhear òg air leth comasach agus, dh'fheumte a ràdh, cho coltach ri athair ann an iomadh dòigh.

'Ach cò a bhiodh na rìgh nuair a thigeadh e gu gnothaichean a' chridhe? Airson rìghrean agus bhanrighrean, dè a tha ann am pòsadh ach dòigh gus sìth a chumail eadar na rìoghachdan, cùmhnant gus prionnsachan a ghineadh? Tha mi ga mheasadh mar dhleastanas seach tlachd. A bheil mi ceàrr?'

'Tha gaol aig a' bhanrigh oirbh, a Shir. Tha mi deimhinnte às. 'S ann mar thoradh air a dìlseachd a bhruidhneas i ribh gu dìreach is gu h-onarach.'

Tha an rìgh air chall na chuid smaointean.

'An gaol a tha mi a' sireadh, cha bhi e agam a-chaoidh. Tha mi a' gabhail ris. Ach 's e an fhadachd a bha orm air a' ghaol seo a thug orm peacachadh an uiread de thursan. Thuigeadh tu nach eil seo a' còrdadh ris na sagartan – bidh iad a' toirt peanas dhomh le osnaidhean domhainn. Chan eil teagamh ann gum fuiling mi piantan anns a' phurgadair air sgàth mo pheacaidhean. Ach, mar a tha fios agad, chan ann ro na peanasan airson strìopachais agus adhaltranais a bhios eagal orm. Tha peacadh-bàis agam ri ghiùlan a tha nas truime buileach na iad seo.'

Tha mi airson rudeigin a ràdh a bheireadh faothachadh don rìgh ach tha e ag èirigh air a chasan. Tha mi a' dèanamh ùmhlachd dha agus a' falbh.

Taigh nam Manach Dubha, Peairt
Sòlaimteachd Ainm Ìosa
(Diardaoin 7 an Lùnastal 1513)

THA SINN ANN am Peairt far am bi sinn a' mealtainn fàilte 's furan nam Manach Dubha agus a' fuireach anns na seòmraichean-aoigheachd aca. Dh'fhalbh sinn à Gleann Iucha ro èirigh na grèine agus rinn sinn ar slighe chun na h-àird' a tuath gun dàil. Bha eich ùra a' feitheamh oirnn ann an Sruighlea agus ann an Uachdar Àrdair – bha gillean-stàbaill an rìgh air a bhith dìcheallach agus bha a h-uile rud mar bu chòir. Is cinnteach nach robh duilgheadas aca ann an Sruighlea – tha stàbaill mhòra ann an sin – ach dh'fheumadh e a bhith gun do mharcaich iad a dh'Uachdar Àrdair cho luath 's a chuala iad mu rùintean ùra an rìgh. Bidh marcaichean eile air an rathad air thoiseach oirnn a' dèanamh deiseil airson teachd mo mhaighstir, tha mi cinnteach.

Anmoch anns an fheasgar, chunnaic sinn binnean suaicheanta Eaglais Naoimh Eòin air fàire agus cha b' fhada gus an robh sinn a' dol sìos Sràid Mhòr Pheairt. Nochd grunn dhaoine eadar na togalaichean nuair a chuala iad na h-eich. Chaidh an rìgh aithneachadh le feadhainn aca agus thog iad iolach àrd. Thionndaidh sinn chun na làimhe clìthe faisg air meadhan a' bhaile. Bha againn ri dhol seachad air taighean ìosal robach agus tarsainn air drochaid fhiodha mus do ràinig sinn ar ceann-uidhe.

Tha Taigh nam Manach Dubha taobh a-muigh ballachan Pheairt, astar beag tuath air a' bhaile. Thathar ag ràdh gu bheil e suidhichte air pìos fearainn far an robh caisteal anns na linntean a dh'fhalbh. Creididh mi sin, bhon a tha an eaglais agus na clabhstairean air an cuairteachadh le liosan agus meas-liosan freagarrach do shluagh nas motha na an dusan manach a tha a' fuireach ann an-diugh. A rèir riaghailtean nam Manach Dubha, tha seòmraichean an taighe sìmplidh gun sgeadachadh, ach bidh biadh math ann dhuinn agus cofhurtachd. Bha sinn-sinn-seanair an rìgh, Seumas a h-Aon, glè mheasail air na seòmraichean seo – b' fheàrr leis iad mar thaigh-còmhnaidh rìoghail seach na seòmraichean ann an Caisteal Dhùn Èideann. Ach b' ann anns an dearbh thogalach seo a chaidh Seumas a h-Aon a mhurt gu brùideil. Ghluais an teaghlach rìoghail a dh'fhuireach ann an Dùn Èideann an dèidh sin. Cha do rinn na manaich atharrachadh sam bith air na seòmraichean, ge-tà – tha iad mar a bha iad a-riamh.

Mar a thuirt an rìgh an-dè, bidh ar buidheann bheag a' siubhal gu luath an turas seo an coimeas ris na taistealachdan a Bhaile Dhubhthaich anns na bliadhnaichean a chaidh seachad. Bidh feum aig mo mhaighstir air fir-airm agus fear-sporain ach, a thuilleadh air sin, cha bhi anns a' chuideachd ach mi fhìn agus Mgr Eanraig Leich, an lighiche pearsanta aige. Ach 's dòcha gum bi fear eile a' gabhail an rathaid còmhla rinn: bidh Iain Damian, ailceimigear an rìgh – agus duine neònach – a' tighinn gar coinneachadh ann am Peairt a-nochd.

'A Shir Thòmais! Am faca tu an gùn ùr agam?'

Tha Iain Damian, an t-ailceimigear Eadailteach, na sheasamh air mo bheulaibh ann an trannsa taigh nam manach. B' ann ainneamh a chluinneadh tu duine sam bith a' cantainn 'Sir Tòmas' rium an-diugh. Tha Iain a' toirt iomradh air a' cheangal a tha ann eadarainn: ma fhuair mise droch bheul bho Mhgr Dunbar, b' ann bu mhiosa buileach a dh'fhuiling esan.

Chan eil Uilleam Dunbar na aonar ann a bhith a' dèanamh fanaid air an Eadailteach, ge-tà – tha mòran ann aig a bheil farmad ris. Bhon a thàinig e a dh'Alba o chionn dusan bliadhna, tha càirdeas dlùth air fàs eadar e fhèin agus an rìgh.

Nas gràineile na sin do na cùirteirean, tha an rìgh air tòrr airgid a thoirt do dheuchainn-lann Damian ann an Caisteal Shruighlea. Cha robh mi a-riamh taobh a-staigh an àite ris an can iad an *'smoking smiddy'* ach chuala mi nach eil càil coltach ris anns a' Chrìostalachd. Fad deich bliadhna, tha ceathrar no còignear air a bhith ri obair fo a stiùireadh feuch am faigh iad lorg air an nì dhìomhair sin, Clach nam Feallsanach no an *Quintessence.* Tha an rìgh air a bheò-ghlacadh leis an rannsachadh seo – saoilear gun tionndaidh a' Chlach meatailt suarach gu òr agus gun leighis i gach tinneas a chlaoidheas mac an duine.

Is beag an t-iongnadh gu bheil feadhainn ann a tha a' dèanamh dìmeas air oidhirpean Iain Damian. Tha iad an-fhoiseil mu na tha de dh'uisge-beatha air a dhol à fianais air cùlaibh dorsan na deuchainn-lann. Mura biodh sin gu leòr dhaibh, nach do rinn Iain cùis-mhagaidh dheth fhèin nuair a dh'fheuch e ri falbh air iteig o chionn sia bliadhna? Bha Iain Damian làn-chinnteach gun rachadh e don Fhraing anns an inneal-itealaich a rinn e fhèin le fiodh agus itean. Leum e far ballachan àrda Caisteal Shruighlea ann an sealladh sluaigh mhòir – an rìgh agus na cùirteirean nam measg. Cha do shiubhail e fada idir – dìreach don òtrach aig bun Creag Shruighlea. Bha e fortanach nach do dh'fhuiling e càil na bu mhiosa na cas bhriste. Chaidh feadhainn nan lùban a' gàireachdainn, ach, nuair a sheas mi aig mullach a' bhearraidh bhon do thilg e e fhèin agus nuair a choimhead mi sìos a-steach don fhailbhe fodham, cha robh agam ach spèis dha airson a chridhe agus na misneachd a bha aige anns na h-innleachdan aige fhèin. Anns a' chùirt, cha robh ach mi fhìn agus an rìgh air an aon ràmh mu dheidhinn. Ach sin nàdar an duine aineolaich, a bhith a' dèanamh tàir air rud sam bith air nach eil tuigse aige.

Tha e a' coiseachd dham ionnsaigh a-nis, crùbach fhathast mar thoradh air an tubaist aige. Bhon a chunnaic mi mu dheireadh e, tha e air cuideam a chur air – tha coltas mathain-dhuinn air – ach, mar as àbhaist, tha e ann an deagh shunnd. Tha a ghàirdean a' gabhail grèim orm gu càirdeil ach le buille cho làidir 's nach eil e furasta dhomh mo chasan a chumail. Tha aodann làn aoibhneis – bidh e a' toirt togail don rìgh a bhith ga fhaicinn, gun teagamh.

'A Thòmais, ciamar a tha thu? Tha thu air beagan cuideim a chall, a charaid! Ach innis dhomh, dè do bheachd air a' ghùn agam?'

Tha e a' gabhail ceum air ais agus a' seasamh air mo bheulaibh a-rithist. Tha e a' tionndadh mun cuairt gu slaodach gus am bi cothrom math agam a h-uile rud a ghabhail a-steach: an gùn fada donn air a dhèanamh le stuth *damask* lìnigte le sìoda dearg agus coilear-bèin an easain-bhàin.

'B' e tiodhlac a bh' ann, bho charaid san Eadailt. A bheil thu a' smaoineachadh gu bheil e a' tighinn rium? Seo mar a tha na h-ailceimigearan san Ròimh gan sgeadachadh fhèin, air m' onair.'

Nuair a bha an t-sliasaid aige air slànachadh, chaidh Iain Damian air a thuras don Eadailt feuch am biodh càil às ùr ri ionnsachadh anns an t-saoghal mhòr. Fad ceithir bliadhna chuir e seachad ùine anns an Ròimh, ann am Milan agus ann am Florence. Thill e a dh'Alba o chionn ghoirid, air iarrtas an rìgh, gus sùil gheur a chumail air iomairt ùir – mèinnearachd òir Crawford Muir, ann am beanntann Crìochan na h-Alba.

'Tha e greadhnach ann an da-rìribh, a Mhaighstir, agus tha e gu tur freagarrach do dhuine mar a tha sibh fhèin.' Leis na faclan seo, tha mi a' dèanamh ùmhlachd dha.

'Mòran taing, a charaid. Sin a smaoinich mi fhìn nuair a chunnaic mi e an toiseach. Freagarrach. Gu tur freagarrach. Ged a bhios feadhainn ann, tha mi cinnteach, a nì fanaid orm. Sin mar a bha, mar a tha, 's mar a bhitheas.'

Tha e a' slìobadh coilear-bèin a' ghùin le tlachd fhollaisich, 'Càit' a bheil an rìgh, am faod mi faighneachd?'

'Tha e anns an t-seòmar shuas an staidhre a' gabhail a bhìdh. Tha mi a' dol ann an-dràsta.'

'Leanaidh mi thu, ma-thà. B' fheàirrde mi beagan bìdh an dèidh mo thurais.' Le fiamh a' ghàire air aodann, tha e a' toirt buille dhomh san druim mus tòisich sinn a' dìreadh na staidhre le ceumannan crùbach.

Tha an rìgh air a dhòigh, 'Iain! Is math d' fhaicinn. Ach thig a-steach, a charaid, thig a-steach. Am faod mi do chur an aithne nan companach agam? Am Prìthear Raibeart, ar n-òstair coibhneil, agus Mgr Eanraig Leich, an lighiche agam.'

Tha an dithis seo a' dèanamh ùmhlachd do dh'Iain Damian. 'S e duine mear a tha anns a' phrìthear, na sheasamh àrd is tana na earradh fada dubh. Tha guth ceòlmhor aige, mar a bhiodh cubhaidh do shearmonaiche. Chaidh mo chur an aithne Mhgr Leich airson a' chiad uair anns a' mhadainn an-diugh, ged a b' aithne dhomh athair, nach maireann, nuair a bha e na phrìomh lighiche don rìgh. Dh'fhaodadh e a bhith gu bheil am maighstir òg a' tòiseachadh air dreuchd athar a ghabhail thairis. Tha e timcheall air deich bliadhna air fhichead a dh'aois, meadhanach àrd le guailnean làidir agus fhalt dubh air a cheangal ann an ciutha mar a tha cumanta anns na fir bhon àird an iar. Dh'aithnichinn e air athair – na sùilean socair glasa agus an t-sròn dhìreach uasal. Chuala mi gur e lannsair sgileil a tha ann ach, a rèir na chunnaic mi gu ruige seo, 's ann modhail solt a tha e – eu-coltach ri aodach cian-annasach an ailceimigeir, tha seacaid dhubh agus briogais-ghlùine air. Aig amannan, tha fiamh a' bhròin a' nochdadh air aodann. An e na chunnaic e de dh'fhulangas mhic an duine as coireach? Tha mi an dòchas gum faigh mi eòlas nas fheàrr air fhad 's a bhios sinn air an t-slighe a Bhaile Dhubhthaich.

'A Mhgr Leich, tha e na urram dhomh coinneachadh ribh. 'S dòcha gu bheil fios agaibh mar-thà, ach 's e *'the French Leech'* a chanas iad riumsa. Chan eil an tiotal sin ceart idir. Air an dara làimh, 's e Eadailteach a th' annam, air an làimh eile, chaill mi mo sgilean mar lighiche o chionn mòran bhliadhnaichean, tha mi duilich a ràdh. 'S fheàrr leam am far-ainm eile a th' aca orm ann an Sruighlea, ged nach canadh iad rim aodann e – *'the Quintessence'*.

'Chuala mi beagan mun obair agaibh,' tha Mgr Leich a' freagairt gu càirdeil.

'Gabh do bhiadh, Iain,' tha an rìgh ag ràdh. 'An uair sin bidh gèam chairtean no dhà againn.'

Fhad 's a tha an t-ailceimigear a' gabhail a bhìdh, tha sinn nar seasamh aig a' bhòrd ann am meadhan an t-seòmair, a' bruidhinn a-null agus a-nall air na cuspairean aotrom àbhaisteach. An dèidh greis, tha am Prìthear Raibeart a' gabhail a chead den rìgh agus a' falbh, tha na glainneachan gan ùrachadh agus na cairtean gan iomairt. Cha bhi mise a' cluich chairtean uair sam bith, ge-tà. Bidh mi nam shuidhe air cùlaibh an rìgh agus ag èisteachd ris a' chòmhradh. Leis gu bheil an t-ailceimigear anns a' chuideachd, cha bhi mòran a bharrachd agam ri dhèanamh.

'Bidh sibh air ur dòigh, a Shir,' tha an t-Eadailteach ag ràdh, 'le adhartas na h-obrach ann an Crawford Muir. Tha a h-uile rud mar bu chòir. Tha mi cinnteach gu bheil an t-uabhas òir ann agus gheibh sinn e: tha ceud duine ris an obair fo mo stiùireadh.'

'Bu chòir dhut an iomairt seo a mhìneachadh do Mhgr Eanraig,' tha an rìgh a' freagairt.

'Gabhaibh mo leisgeul. Bidh mi toilichte sin a dhèanamh.' Tha Iain Damian a' coimhead cofhurtail, na shuidhe le làmhan na uchd. 'Bhon a thill mi às an Eadailt, tha mi air a bhith ann an Crawford Muir – 's e baile beag a th' ann, astar dà latha an iar-dheas air Dùn Èideann – àite fliuch fuar, ach co-dhiù… Fad mòran bhliadhnaichean bha iad ri mèinnearachd luaidhe san sgìre ach, latha a bha seo, nach do lorg fear den luchd-obrach cnap òir am measg an treamsgail?' Tha e a' dèanamh cearcall mòr mòr le a ghàirdeanan mar shamhla air meud a' chnaip òir. Saoil a bheil e a' cur ris an fhìrinn? 'Ach bhon a thòisich sinn air òr a mhèinneadh a dh'aona ghnothach, fhuair sinn càrn mòr den stuth agus 's e an t-òr as glaine a chunnaic mi a-riamh.'

'Mar a bhiodh dùil le òr Albannach,' tha an rìgh ag ràdh.

'Bhitheadh gu dearbh,' tha Iain a' freagairt le gàire.

'S e Mgr Eanraig Leich a tha a' bruidhinn a-nis. 'Agus ciamar a tha cùisean ann an Sruighlea – an obair ailceimigeach agaibh? A bheil i a' dol air adhart às ur n-aonais?'

'Tha, tha mi toilichte a ràdh. An dèidh na tubaist mhì-fhortanaich agam, bha agam ri ceum air ais a ghabhail, mar a thuigeadh sibh. Ach bha mi air sgioba dìleas sgileil a stèidheachadh ann an Sruighlea. Ò, nach b' iadsan a fhuair briseadh-cridhe nuair a chaidh mo ghoirteachadh! A dh'aindeoin sin, chùm iad orra leis an obair. B' e Alasdair Ogilvy a bha os a cionn an toiseach agus an uair sin Mgr Raibeart MacClellane. Rinn iad an dìcheall nuair a bha mi air falbh, tha mi cinnteach. Tha mi an dòchas ri adhartas air fàire.'

'Bha cead aig Iain a dhol air ais don Eadailt fhad 's a bha an t-sliasaid bhriste a' slànachadh,' tha an rìgh a' mìneachadh do Mhgr Leich.

'Cha mhòr nach do shoirbhich leam leis an inneal-itealaich!' Tha Iain Damian a' toirt sgailc dha shliasaid dheis mar chomharradh air a' champar aige. 'Carson a dh'aontaich mi gun cuirinn itean-circe ris na h-itean-iolaire. Bha mi a' feuchainn ri airgead a chaomhnadh – mearachd mhòr!'

Tha e a' bruidhinn a-nis air a' chuspair as ionmhainn leis, 'Tha e furasta do na h-aineolaich fanaid a dhèanamh orm. Chan urrainn do dhuine a dhol air iteig mar eun – seo a chanas iad ach chan eil mi a' gabhail ri sin idir. Gu dearbh, tha sgeulachdan ròlaisteach ann bho na linntean o shean – Daedalus anns a' Ghrèig agus Mìcheal Scot an seo ann an Alba – ach feumaidh sinn beachd a ghabhail air na sgrìobh Roger Bacon, am fear a bu ghèire is a bu tuigsiche, nam bheachd-sa, a bha beò a-riamh. Rinn e iomradh air fear aig an robh comas itealaich ged nach robh e air fhaicinn e fhèin. Bha e làn-chinnteach gun do thachair e, ge-tà, agus gun tachradh e a-rithist.'

Tha Iain Damian a' sìor fhàs nas beothaile, na shuidhe dìreach anns a' chathair aige – aig amannan, tha a ghàirdean a' dol suas agus sìos mar a phlapas eun a sgiathan.

'An-diugh, tha fios againn mu na h-innealan-itealaich a dhealbh an t-oide agam fhìn, Leonardo da Vinci. Cò a rachadh nam aghaidh nan canainn gur esan an t-innleachdair as fheàrr air an t-saoghal an-diugh?'

Tha e a' cuairteachadh na cuideachd le a shùilean.

'Chan urrainn do na daoine cliùiteach àrd-inbheach seo a bhith ceàrr. Tha iad cho neo-chomasach air a bhith ceàrr 's a tha mi fhìn!'

Tha fiamh a' ghàire air aodann luchd-èisteachd an Eadailtich mar thoradh air an àrd-ghlòir aige.

'Bha an t-inneal-itealaich a rinn mi fhìn stèidhichte air fear a dhealbh Leonardo o chionn fichead bliadhna. Bha frèam fiodha ann agus dà sgiath air an gluasad le lùths casan an fhir-itealaich. Choinnich mi ri Leonardo gu tric nuair a bha mi anns an Eadailt agus bhruidhinn sinn còmhla mun tubaist agam. Bha e duilich nach do shoirbhich leam, ach bha e an dòchas nach toirinn dùil thairis agus gum feuchainn ri itealaich a-rithist a' cleachdadh fios bhon obair as ùir' aige air sgiathan nan eun.'

Tha guth Iain a' fàs nas àirde agus nas mòrchuisiche, 'Mar sin dheth, a dhaoin' uaisle, tha rudeigin cudromach agam ri innse dhuibh a-nochd. Mar thoradh air an rannsachadh agam, mar ubhal as àirde mo bheatha… bidh mi ag itealaich a-rithist!'

Tha an rìgh a' freagairt anns a' bhad, 'Cha bhi, cha bhi, Iain. Thu thu ro luachmhor dhuinn. Chan fhaod thu do bheatha a chur ann an cunnart mar sin a-rithist. Feumaidh tu fear-taice a lorg.'

Tha an t-Eadailteach a' cromadh a chinn ris an rìgh mar gu bheil e a' gèilleadh ri ùghdarras.

''S e mo mhòr-dhòchas, a Shir, gun coinnicheadh sibh ri Leonardo. Nan tachradh sin, bhiodh an rìgh a bu mhòraile agus an t-innleadair a b' ainmeile air an t-saoghal a' tighinn còmhla… na h-eanchainnean as fheàrr – uill, bhithinn fhìn an làthair cuideachd! Bhiodh cothrom againn bruidhinn air gunnaichean-mòra agus peilear-eòlas. Tha tuigse cho domhainn aig Leonardo air peilear-eòlas – an tuigse as fheàrr air an t-saoghal, ach a-mhàin an tuigse agaibh fhèin, a Shir.'

Tha am brosgal seo a' còrdadh ris a h-uile duine. Tha an rìgh a' gàireachdainn, ach tha an cuspair aig Iain a' dùsgadh ùidh. 'Dè an obair as ùir' aige air gunnaichean?' tha e a' faighneachd.

'A bheil fios agaibh air na sgrìobh Leonardo air rèiteachadh mionaideach baraillean nan gunnaichean-mòra, a Shir, agus ciamar a bhiodhte gan losgadh na bu luaithe?'

'Tha. Tha sinn air a bhith ag obair air na rudan sin leis na gunnaichean-mòra a rinneadh ann an ceàrdach Caisteal Dhùn Èideann.'

'An do rinn mi iomradh air a' bheart-ghunna aige?'

'Rinn, ach bha sinn den aon bheachd gum biodh e duilich ath-luchdachadh.'

'Tha sin fìor, a Shir, ach thoiribh smaoin air a' bhuille a bheireadh e don nàmhaid – bhiodh e mar bheithir, mar iomaghaoith gan sguabadh air falbh.'

Tha an dealbh seo a' còrdadh ris an rìgh.

Tha Iain Damian a' leantainn air, 'Nuair a bha mi anns an Eadailt, bha Leonardo ag obair air inneal nach còrd ris an rìgh. Bha e a' rannsachadh inneal ris an canar '*bombast*': gunna le baraill leathann a bhios a' tilgeil a-mach poca làn stuthspreadhaidh. Nì e sgrios uabhasach.'

'Ach chan eil e a' freagairt ris a' mhodhalachd agam, Iain.'

'Tha na prionnsachan Eadailteach air an dòigh leis...'

Tha an rìgh a' crathadh a chinn.

'Agus le spèis, a Shir, am faodainn a chur nur cuimhne gum feumadh ar n-armachd-ne a bhith co-ionnan ri armachd ar nàimhdean?'

'Ach chan ionnan iad, Iain. Tha ar n-armachd-ne nas fheàrr buileach!' tha an rìgh a' freagairt le fiamh a' ghàire.

'Tha gu dearbh, a Shir!' tha Iain ag ràdh.

Tha an t-sàmhchair a leanas a' toirt cothrom do Mhgr Leich briseadh a-steach don chòmhradh agus ceist a chur air an Eadailteach, 'Gabhaibh mo leisgeul, a charaid, ach thug mi an aire gun do rinn sibh ceum crùbach nuair a choisich sibh a-steach don t-seòmar. A bheil cràdh oirbh sa chois a chaidh a briseadh?'

'Tha, ach chan eil e cho dona ri sin. Bha mi cho fallain ri breac ann am blàths na h-Eadailt, ach an do dh'fhiosraich sibh a-riamh an t-sìde ann an Crawford Muir? Mosach! Tha an t-sliasaid agam cràidhteach cha mhòr fad na h-ùine. Tha e nas miosa a-nochd a chionn 's gun robh mi air muin eich an-diugh ach thèid e seachad.'

'A bheil cungaidh-leighis agaibh a chuireas air falbh an cràdh?' tha Mgr Leich a' faighneachd.

'Tha deoch-leighis agam ann am botal a fhuair mi bho phoitigeir ann an Dùn Èideann. Cha robh a chridhe agam faighneachd dheth dè bha ann.'

Tha a h-uile duine a' gàireachdainn.

'Dh'fhaodte a ràdh nach eil blas na meala air, ge-tà, agus gu ruige seo cha do rinn e mòran feum dhomh.'

'Am faod mi cuideachadh a thoirt dhuibh, ma-thà?' tha Mgr Leich ag ràdh ann an guth sèimh coibhneil.

'Bhithinn nur comain, a charaid,' tha Iain a' freagairt.

'Tha bràthair ann an seo a bhios a' cruinneachadh luibhean,' tha Mgr Leich a' leantainn air. 'Thug mi sùil mun t-seòmar-leighis aige na bu tràithe. Bidh na bràithrean nan cadal a-nis, ach nam biomaid a' coinneachadh ri chèile sa mhadainn a-màireach an dèidh dhaibh *Lauds* a sheinn, tha mi an dùil gum biodh ùine gu leòr agam cungaidh-leighis a dheasachadh dhuibh mus fhalbhamaid air an t-slighe gu tuath.'

'Cha bu chòir dhut a bhith a' tighinn còmhla rinn, Iain,' tha an rìgh ag ràdh. 'Bidh sinn a' cur seachad mòran ùine air muin eich – cha dèan sin math dhut.'

'Ach a Shir, bha fiughair mhòr agam ri dhol air taistealachd nur cuideachd…'

'Creididh mi sin agus tha mi taingeil dhut, Iain.' Tha an rìgh a' tionndadh gu Mgr Leich, 'Dè do bheachd, Eanraig?'

'Tha sibh ceart, a Shir. Bidh marcachd a' dèanamh an lòinidh nas miosa, mas lòinidh e.'

An e briseadh-dùil no faothachadh a chithear air aodann Iain?

'A dhaoin' uaisle,' tha an rìgh ag ràdh, 'tha sinn air tighinn gu co-dhùnadh, co-dhùnadh glic nam bheachd-sa. Agus nam biomaid airson mocheirigh a dhèanamh a-màireach, bu chòir dhuinn a dhol a chadal a dh'aithghearr.'

Tha e ag èirigh air a chasan.

Fhad 's a tha a' chuideachd againn a' beannachadh na h-oidhche dha chèile, tha an rìgh a' dèanamh comharradh rium gun a bhith a' falbh fhathast.

Tha an Rìgh a' bruidhinn ris an Amadan

'Thàinig an trom-laighe orm a-rithist, a Thòmais, ann an uairean beaga na maidne. An trom-laighe anns am faic mi m' athair.'

Tha uallach nach beag air cogais an rìgh a thaobh bàs athar. B' ann pailt a bha buadhan an Rìgh Sheumais a Trì – bha e na eòlaiche air ealain, ceòl agus litreachas agus b' e duine cràbhach a bha ann. Ach, gu mì-fhortanach, bha a lochdan a cheart cho pailt – b' e am fear a bu mhiosa dhiubh nach robh comas aige càirdeas taiceil a thogail ma thimcheall fhèin anns a' chùirt, no fiù 's anns an teaghlach aige. B' ann cumhang fèineil a bha na cùirteirean a thagh e agus na h-uaislean a thog e gu àrd-inbhe. Agus b' ann gu neònach a dhèilig e ri a theaghlach. Bha e cho amharasach na nàdar – ro dheireadh a bheatha bha e air a chùl a chur ri a mhnaoi agus ri Seumas, a mhac a bu shine. Bha iad a' fuireach ann an Caisteal Shruighlea fhad 's a bha esan a' gabhail còmhnaidh ann an Dùn Èideann.

Nuair nach robh am Prionnsa Seumas ach còig bliadhna deug a dh'aois, thug athair ceum às an àbhaist nuair a nochd e fàbhar do Sheumas Ormonde, am bràthair a b' òige dha, agus bhuilich e na tiotalan Diùc Rois agus Iarla Edindale air. A' dèanamh dheth gun robh athair a' taobhadh ri a bhràthair, dh'fhalbh mo mhaighstir à Caisteal Shruighlea gun chead an rìgh. Bha fios aig na h-uile gun robh buidheann de na h-àrd-uaislean ann nach robh toilichte idir leis an Rìgh Seumas a Trì. Ghabh iad brath air òige agus mì-chinnt a' phrionnsa agus b' e deireadh na cùise gun do tharraing e a chlaidheamh còmhla riutha an aghaidh athar. Thàinig an gnothach gu ceann air blàr a' chogaidh faisg air Allt a' Bhonnaich. Thug mo mhaighstir àithne do na co-chòmhragaichean aige nach fhaodte cron sam bith a dhèanamh air athair, ach, a dh'aindeoin sin, chaidh a mhurt gu cealgach. Bha an seann rìgh air tuiteam far an eich aige. Air a dhroch leòn, chaidh e a-steach do mhuileann Allt a' Bhonnaich agus dh'iarr e air a' mhuillear sagart a lorg gus an dèanadh e fhaoisid. Thàinig sagart, ma b' fhìor, ach cha b' fhada mus robh fuil an rìgh air a dòrtadh. Cha b' e sagart a bha ann idir ach murtair gràineil gun tròcair. Gus an latha an-diugh, cha d' fhuaras sgeul air an fheralltair sin.

Bha aon nì follaiseach, ge-tà – cha robh làmh aig mo mhaighstir ann am bàs athar. Gu dearbh, rinn e na b' urrainn dha a dhìon. A dh'aindeoin sin, tha e air a chràdh le ciont. Bidh e a' cur uime sèine throm iarainn, na crios timcheall air a mheadhan, mar chuimhne dha gach latha air a' pheacadh uabhasach aige. A h-uile bliadhna bhon a chaochail athair, chaidh tinne a bharrachd a chur ris an t-sèine.

'Tha bàs ur n-athar na throm uallach oirbh, a Shir, ach cha d' fhuair e bàs aig an làimh agaibh fhèin.'

'Biodh sin mar a bhitheadh, a Thòmais, sheas mi an aghaidh m' athar air blàr a' chatha, an aghaidh rìgh na h-Alba, fear ungte Dhè.'

Tha e a' leigeil osna às, 'Cha do dh'fheuch mi a-riamh ri leisgeul a dhèanamh airson na rinn mi. Cha bu mhotha a leig mi leis a dhol às an t-sealladh. Tha cuimhne murt m' athar air tighinn thugam gach latha bhon fheasgar oillteil sin. Agus na trom-laighean…'

Tha mi a' cumail nam thost, ag èisteachd, a' feitheamh. Chan e seo a' chiad uair a chuala mi an sgeul idir.

'Cha bhi iad a' tighinn thugam a h-uile h-oidhche, tuigidh tu. Tha maidnean ann nuair a dhùisgeas mi gu socair, mar gun robh fèath neònach air tighinn air m' anam. Bidh mi a' mealtainn nam maidnean sin. Ach an-diugh, ghrad-dhùisg mi ann an dara faire na h-oidhche, anns an dorchadas dhubh, le taibhse m' athar air mo thòir.'

'Ach is cinnteach, a Shir, gum bi Dia a' bruidhinn rinn ann an aislingean. Nuair a thuiteas cadal trom oirnn, fosglaidh E ar cluasan. Agus tha sibh air innse dhomh roimhe seo mun t-solas iongantach a shruthas a-mach à làmhan an Naoimh Dhubhthaich. Nach eil an solas a' toirt dòchas dhuibh?'

'Tha thu còir coibhneil, a Thòmais, ach chan e dòchas a bhios mi a' faireachdainn aig an àm. Bidh eagal a' sìor fhàs nam chridhe gus am bi mi air mo thachdadh leis. 'S e uamhann a tha ann ro rudeigin a bhios gam fheitheamh anns a' phurgadair, no air Latha a' Bhreitheanais fhèin. Bidh cuimhne agad air faclan an *Dies Irae*,

Judex ergo cum sedebit,
Quidquid latet apparebit:
Nil inultum remanebit.[3]

Bidh gach nì a rinneadh air a thoirt am follais. Cha chluinn mi na faclan seo uair sam bith gun ghaoir a' dol tromham.'

'Ach a Shir, nach tuirt na sagartan ribh...?'

Tha an rìgh a' togail a làimhe gus stad a chur air mo bhriathran, 'Tha fios agam. Chuir iad nam chuimhne gu tric e. '*Cor contritum et humiliatum Deus non dispicies.*'[4] Cò a chuireadh an t-aithreachas agam an teagamh, a Thòmais? Aithreachas fa chomhair Dhè. Aithreachas fa chomhair m' athar. Ach gun dèanadh aithreachas leigheas! Sin an doilgheas agam: dh'fhuasgladh mi bho mo pheacaidhean-bàis uair agus uair agus dh'fhiosraich mi sìth nam anam airson greis gach turas ach cha do mhair e. Cha do dh'fhairich mi maitheanas maireannach airson mo pheacaidhean a-riamh.'

Tha an rìgh a' tachais craiceann a làimhe clìthe gu mì-fhoighidneach. Ged a bha spòrs aige ann an cuideachd Iain Damian, tha smaointean dorcha a' cur sgàile air a-rithist.

---

3 Nuair a bhios 'm Britheamh na shuidhe, Nochdaidh gach nì 'chuireadh am falach: 'S cha bhi peacadh gun a pheanas.

4 Air cridhe briste agus brùite, a Dhè, cha dèan thusa tàir. Salm li, 17

'Nam bithinn a' creidsinn gur ann tròcaireach a bhios ar Dia-ne, ge-tà, dh'fhaodadh dòchas a bhith agam gum faighinn maitheanas Bhuaithe aig deireadh an latha. Maitheanas m' athar chan fhaigh mi gu bràth. Cha bhruidhinn esan a-chaoidh bhon uaigh aige ann an Abaid Chamus Cinaetha.'

'Chan fhada gus am bi sibh ann an Obar Dheathain, a Shir. Am bi sibh a' bruidhinn ris an Easbaig Elphinstone air a' chuspair seo?'

'Bithidh gu dearbh. Agus èistidh mi ris. Anns na h-aosmhor tha gliocas, agus bidh e a' tabhann bhriathran onarach coibhneil orm mar as àbhaist. Is tearc na caraidean dìleas do rìgh sam bith, ach bidh mi ag earbsadh à treibhdhireas an Easbaig Elphinstone, dìreach mar a bhios mi ag earbsadh asad fhèin, a Thòmais.'

'Tapadh leibhse, a Shir.'

'Ach bu chòir dhut a bhith nad thàmh, a Thòmais. Oidhche mhath.'

Tha e ag èirigh air a chasan. Tha mi ga fhàgail le a chuid smaointean.

Abaid Obar Bhrothaig
Fèill Sancti Ciriaci agus a Chompanaich, Martairean
(Dihaoine 8 an Lùnastal 1513)

CHUALA MI GUN do dh'èirich an rìgh gu moch a dhol a dh'èisteachd ris na manaich a' seinn *Mattins* agus *Lauds*. Fhad 's a bha e fhathast ri ùrnaigh, bha na fir-airm a' biadhadh nan each agus a' dèanamh deiseil airson an latha a bha romhainn.

Fhuair mi lorg air Iain Damian agus Mgr Eanraig Leich ann an seòmar-leighis na manachainn. Cha robh coltas às an àbhaist air doras an t-seòmair ach, air a chùlaibh, cha robh e cho lom 's a bha na seòmraichean-cadail. Cha mhòr gum faiceadh tu na ballachan-plèastair leis na bha ann de phreasan loma-làn phoitean agus bhogsaichean de chungaidhean-leighis agus luibhean tioram. Bha badan luibhean ùra gorma nan crochadh fo na cabair. Agus bha fàileadh cho math ann, fàileadh spìosrach cùbhraidh.

Bha an t-ailceimigear na shuidhe air being gun aodach air ach lèine fhada, agus an lighiche na sheasamh ri taobh na h-uinneige a' sgrùdadh searrag ghlainne letheach làn lionna shoilleir uaine. Am b' e fual Iain Damian a bha ann? Turas eile, bha Mgr Leich a' toirt athar a-steach orm agus e ag amharc air an t-searraig le dlùth-aire ann an solas fann na maidne.

'Madainn mhath, a Shir Thòmais,' ars Iain. Dh'fheuch e ri gàire a dhèanamh ged a bha e follaiseach dhomh gun robh e ann an cràdh mòr. 'Thig a-steach. Tha thu ann an deagh àm a bhith a' cluinntinn beachd Mhgr Eanraig.'

Bha e a' coimhead sgìth glaisneulach. A rèir coltais cha do chaidil e gu math air sgàth a' chràidh na chruachain dheis – bha e fortanach gun robh Mgr Leich èasgaidh a chuideachadh mus fhalbhamaid a dh'Obar Bhrothaig. Thionndaidh an lighiche air falbh bhon uinneig agus chrom e a cheann dham ionnsaigh mus do thòisich e air bruidhinn ris an ailceimigear ann an guth a bha càirdeil ach, aig an aon àm, ùghdarrasail.

'Cha bhi am breithneachadh agam na iongnadh dhuibh, a charaid,' ars am maighstir. 'Tha an eachdraidh agaibh, a' bhuille-chuisle agus am fual ag innse an aon sgeòil dhomh. Tha sibh ann an deagh shlàinte, ged a dh'fhaodadh an riaghailt bìdh agus an dòigh-beatha agaibh a bhith na b' fheàrr. Ach cha do shlànaich an t-sliasaid dheas agaibh gu ceart an dèidh na tubaiste. Tha i òirleach no dhà nas giorra na an tè chlì agus tha sin a' cur spàirn air na cruaichnean agaibh. Mar thoradh air sin, tha an lòinidh oirbh.

'Aig an aon àm, 's dòcha nach biodh an lòinidh oirbh idir nam biodh na lionntan agaibh ann an cothrom math. Tha tuilleadh 's a' chòir de lionntan fliucha agus lionntan fuara nur bodhaig, rudeigin a ghabhas leasachadh le biadh tioram agus le biadh teth. Nì mi liosta de na biadhan a nì feum dhuibh – feòil ròsta, coileach gu h-àraidh, luibhean ann am pailteas, spìosradh agus mustard. Cha bhi a' chomhairle agam a' tighinn ri ur càil uile gu lèir, ge-tà. A thaobh an dà chuid a' bhìdh agus na dibhe, 's i a' mheasarrachd an leigheas as ro-àirde. Bidh an duine glic ga chaomhain fhèin – cha ghabh e a shàth aig a' bhòrd. Agus cha bhi e ga mheasadh faoin a bhith a' gabhail ceum an dèidh a dhìnneir.

'Aig deireadh an latha, 's e am biadh an leigheas as cudromaiche ach bheir e beagan ùine mus bi cùisean a' dol am feabhas. An-diugh, tha mi a' dol a thoirt faothachadh dhuibh le bhith a' leigeil fuil à cuisle ur coise deise. Dh'iarr mi air a' Bhràthair Peadar fuarlit a dhèanamh dhuibh le duilleagan nan deanntagan. Cuiridh e an fhuarlit air ur cruachainn chràitich. Bheir e sùgh dheanntagan dhuibh ri òl cuideachd – cumaibh oirbh le sin trì tursan san latha gus am bi an cràdh nas fheàrr.'

Bha fiamh a' bhròin air aodann an Eadailtich, 'Tha mi fada nur comain, ach a bheil sibh den aon bheachd fhathast gum feum mi fuireach an seo fhad 's a bhios sibh a' gabhail an rathaid a Bhaile Dhubhthaich?'

'Tha mi duilich, ach sin a' chomhairle a bheirinn dhuibh.'

Dh'obraich Mgr Leich gu luath is gu sgileil gus cuisle Iain Damian fhosgladh agus fhalmhachadh. Bha an t-euslainteach na shuidhe air a' bheing le a chois dheis na crochadh òirleach no dhà os cionn fear de bhobhlaichean-fala a' mhaighstir. Chlisg e nuair a gheàrr an lighiche gu cùramach craiceann a choise deise le sgithinn ghèir, ach cha tuirt e facal fhad 's a bha an fhuil a' sruthadh a-steach don bhobhla. Nuair a bha e gu bhith làn, thog Mgr Leich cas Iain agus chuir e duilleagan air an lot, gam bruthadh le òrdag a làimhe deise. Dh'iarr e air an ailceimigear laighe sìos air a dhruim mus do cheangail e suas a chas le stiallan anairt. Chuir mise plaide air an euslainteach fhad 's a bha an lighiche a' cumail air leis a' bhruthadh.

Bha mi air a bhith nam thost gu ruige seo ach bha fadachd orm ceist a chur air an lannsair, 'Gabhaibh mo leisgeul, a Mhaighstir. Am faod mi faighneachd dhibh gu dè an t-ainm a th' air na duilleagan a chàraich sibh air an lot?'

'Faodaidh gu dearbh, a Thòmais. Bhuain mi an luibh seo ann an lios na manachainn o chionn uair a thìde. Anns a' Ghàidhlig, tha dà ainm air – meacan-dubh agus lus nan cnàmh briste. Anns an Laideann, 's e *Symphytum officinalis* a th' aca air, agus anns a' Bheurla, *'comfrey'*. Ach tha am facal Beurla a' tighinn bhon Laideann *confirmare* a tha a' ciallachadh 'neartachadh'. Mar sin dheth, tuigidh tu gur e lus a bhathar a' cleachdadh thar nan linntean airson lotan agus cnàmhan a shlànachadh.'

'Luibh chumanta a bhios feumail ann an da-rìribh,' arsa mise.

'Gun teagamh,' fhreagair esan. 'Bidh mi an-còmhnaidh a' toirt taing do Dhia gum bi na luibhean a chuireas mi gu feum cho furasta an lorg.'

Bha Iain Damian na laighe air a' bheing, a shùilean dùinte, coltas cofhurtail foiseil air. Ghabh Mgr Leich beachd air a' bhuille-chuisle aige aig caol an dùirn.

'Bidh e ceart gu leòr,' ars esan ann an guth ìosal. 'Tha an

duine bochd claoidhte leis a' chràdh ach gabhaidh e fois a-nis. Tha a' bhuille-chuisle luath ach tha i làidir.'

'Thuirt sibh gu bheil an lòinidh air. An robh comharraidhean air an tinneas sin rim faicinn anns an fhual aige?'

'Uill, bha seòrsa sgleò ann an trian meadhanach na searraige. Chunnaic mi an aon rud gu tric nuair a bha an lòinidh air an euslainteach.'

Bha coltas air an ailceimigear gun robh e na chadal. Lean Mgr Leich air adhart, 'Bha an teaghlach agam cliùiteach bho thùs air sgàth a' chomais a bh' againn breithneachadh air an fhual. Thog mi na sgilean agam fhìn bho bhith a' sgrùdadh dòighean m' athar gu mionaideach.

''S dòcha gun cuala tu an sgeulachd mun t-sinnsear ainmeil agam a chaidh a thaghadh a bhith na lighiche don Rìgh Raibeart a Dhà. Mus d' fhuair e an àrd-inbhe sin bha lighichean eile a' frithealadh don rìgh – bha tinneas air agus bha na ligheachan ann an imcheist. Bha an Rìgh Raibeart eòlach air cliù an t-sinnsir agam, ge-tà, agus chuir e ga iarraidh. Cha robh lighichean na cùirte toilichte idir mun seo. Dh'fheuch iad ri a char a thoirt às mo shinnsear le bhith a' cur glainne fual na bà an àite fual an rìgh. An dèidh do mo shinnsear an rìgh a cheasnachadh, thugadh e gu seòmar far an robh glainne an fhuail ri faicinn. Sgrùd an sinnsear agam am fual gu faiceallach mus do thionndaidh e gu ligheachan na cùirte le fiamh a' ghàire, 'A dhaoin' uaisle' ars esan, 'tha deagh naidheachd agam dhuibh. Beiridh an rìgh laogh slàn fallain ann an ùine nach bi fada."

Cha robh mi an dùil ris an àbhachd seo bhon lannsair agus rinn mi lachan cridheil gàire. Gu fortanach, cha do dhùisg mi Iain Damian. Mus robh cothrom agam facal a bharrachd a ràdh, nochd am Bràthair Peadar aig an doras.

'Seo ar caraid a' tilleadh an dèidh *Lauds*,' arsa Mgr Leich. 'Bidh esan a' toirt cùram do dh'Iain à seo suas. Cruinnichidh mi na h-innealan agam. Bu chòir dhuinn falbh.'

***

Bha madainn bhlàth thioram ann nuair a dh'fhàg sinn Peairt. Chaidh sinn tarsainn air drochaid fhiodha Thatha agus thionndaidh sinn chun na h-àird' an ear agus an rathaid a bhaile Obar Bhrothaig.

Tha an rìgh dealasach air mòran nithean ach chan eil càil nas cudromaiche dha na taistealachd. Cha robh ann ach fear òg nuair a rinn e a' chiad taistealachd aige a dh'Eaglais Naoimh Ninian ann an Taigh Mhàrtainn agus tha e air ùrnaigh a dhèanamh aig Eaglais Naoimh Dhubhthaich turas gach bliadhna, aig a' char as lugha, fad fichead bliadhna. Dh'fheumte aideachadh, ge-tà, nach biodh e ri cruaidh-chràbhadh fad na h-ùine fhad 's a bha e air an t-slighe gu Baile Dhubhthaich. Gu h-àbhaisteach, bhiodh cuideachd mhòr, luchd na cùirte, a' siubhal còmhla ris, gun luaidh air na h-innealan-ciùil aca – tha cuimhne agam air turas nuair a chaidh òrgan am bogadh agus e a' dol thairis air Abhainn Thatha air bòrd bàta. Agus b' àbhaist dha a bhith a' tadhal air Caisteal Taranaich faisg air Farrais far an robh a leannan aig an àm, Janet Cheanadach, a' fuireach.

Ach cha dèanainn-sa tàir air cràbhadh mo mhaighstir. Gu tric, tha e air a dhol air taistealachd an dòchas gun nochdadh Dia tròcair dha fhèin agus dha theaghlach a dh'aindeoin a pheacaidhean gràineil. Chaidh mi còmhla ris nuair a choisich e fad na slighe a Thaigh Mhàrtainn, agus a' bhanrigh air leabaidh tinneis an dèidh leanabh a bhith aice. Cha bhi mo chasan ri gearan gu bheil sinn air muin eich an turas seo.

Tha moit air an rìgh a thaobh rathaidean a rìoghachd. Tha iad stèidhichte air na ceumannan agus na frith-rathaidean a bhathar a' cleachdadh thar nan linntean – a' seachnadh na boglaiche seo, a' mealtainn an t-seallaidh mhaith ud, a' cumail ri iomall na coille-daraich. Ach, mo thruaighe, is gann na coilltean-daraich a tha air fhàgail an-diugh. Tha cuimhne agam nuair a bha iad a' còmhdachadh na tìre bho shliabh gu sàl ach a-nis tha iad a' seòladh air sàl ann an sligean luingeas-chogaidh na h-Alba.

Ach 's i sàbhailteachd nan rathaidean as motha as adhbhar do mhoit an rìgh. Mar thoradh air a chumhachd agus a bhuaidh, bidh an dà chuid mithean agus maithean a' siubhail air feadh na dùthcha gun eagal a bhith orra. Bidh an rìgh fhèin a' taisbeanadh seo gu follaiseach – bidh e a' cleachdadh nan rathaidean gun stad, cha mhòr. Is iad na *'justice ayres'*, mar a chanas iad riutha, a tha ga chumail trang a' mhòr-chuid den ùine. Ach, a thuilleadh air sin, cha robh rìgh Albannach ann a-riamh a ghabh a leithid de dh'ùidh ann am beatha nan ìochdaran aige. Bidh e a' gabhail truas mòr dhiubhsan a tha ann an trioblaid sam bith agus bidh e a' toirt airgead gu fialaidh dhaibhsan a thàinig beò tro uamhann na h-obrach-lannsa.

Feumaidh mi a bhith faiceallach air na sgrìobhas mi mu obair-lannsa. Tha ùidh mhòr aig an rìgh an dà chuid ann an obair-lannsa agus ann am fiaclaireachd – cha rachadh e a dh'àite sam bith gun na h-innealan fiaclaireachd aige a thoirt leis. Gheibh na daoine air am bi an dèideadh duais mhòr bhuaithe ma bhios iad deònach gabhail ri obair teanchairean an rìgh. Bheir e airgead dhaibh an èirig am fulangasan – chan e sin an dòigh àbhaisteach leis na lannsairean, mar a thuigeadh tu. Feumaidh mi aideachadh cuideachd gun robh mi air mo bheò-ghlacadh leis na chunnaic mi de sgilean Mhgr Leich anns a' mhadainn an-diugh. Nuair a stad sinn aig taigh-seinnse ann an Dùn Dè, ghabh mi an cothrom bruidhinn ris agus innse dha gun robh mi airson tuilleadh fhaighinn a-mach mu a bheatha, nan ceadaicheadh e dhomh e. Bha e cho còir coibhneil 's gun do thòisich e air sin a dhèanamh, agus sinne nar suidhe air being a' gabhail tlachd ann am blàths na grèine.

'Thàinig mo shinnsirean a dh'Alba à taobh tuath na h-Èireann o chionn dà cheud bliadhna mar phàirt de luchd-coimheadachd Áine, nighean Cú-maige nan Gall Ó Catháin. Fad ghinealaichean, bha sinn air a bhith nar lighichean don teaghlach uasal sin agus thug sinn leinn a dh'Alba eòlas ealain-leighis a thasgadh thar nan linntean. B' e MacBheatha no Peutanach an cinneadh againn.

'Phòs Áine Aonghas Òg, Tighearna nan Eilean, agus cha

b' fhada gus an robh ar teaghlach stèidhichte mar lighichean don Tighearna agus do chinn-fheadhna Chloinn Dòmhnaill.

An uair sin ghlac sgilean-leighis Phàdraig MhicBheatha aire Raibeirt a' Bhrusaich – bho a linn-san suas, tha na Peutanaich air àrd-inbhe a mhealtainn ann an cùirt an rìgh. Cha robh na ligheachan Gallta buileach toilichte le sin, mar a thuigeadh tu bhon sgeulachd a dh'innis mi dhut na bu tràithe.'

'Tha an sgeulachd agaibh a' toirt toil-inntinn dhomh fhathast, a Mhaighstir. Chuir ealain agus eirmse an t-sinnsir agaibh iongantas orm. Ach cha b' fhada, tha mi cinnteach, mus robh lighichean na cùirte a' toirt spèis dur teaghlach.'

Rinn Mgr Leich gàire mus do lean e air, 'B' e an Rìgh Seumas a h-Aon a thug am fearann, Cille DoBheanain air Eilean Bhòid, do mo shinn-sinn-seanair o chionn ceithir fichead bliadhna. 'S ann leinne a tha e fhathast. An robh thu air Eilean Bhòid a-riamh?'

Chrath mi mo cheann.

Thug mi an aire don chianalas na ghuth. 'Sin far an do rugadh mi agus far an do thogadh mi, air an eilean bhrèagha sin, a' sealltainn a-mach chun na h-àird' an iar-dheas air Cinntìre agus air Eilean Arainn. Bu tearc a chunnaic mi m' athair nuair a bha mi nam bhalach, ach bha fios agam gun robh fèill mhòr air a sgilean anns a' chùirt rìoghail ann an Dùn Èideann. B' e mo mhàthair, Anna, a chùm sùil air na h-oighreachdan againn, agus bha mi fortanach gun do dh'fhàs mi suas ann an coimhearsnachd dhàimheil thaiceil.

'Nuair a bha mi ochd bliadhna a dh'aois, dh'iarr m' athair orm tilleadh a Dhùn Èideann còmhla ris an dèidh a chuairte bhliadhnail don eilean. Mar am mac a bu shine, bhithinn ga leantainn mar an lighiche rìoghail. Bha an t-àm agam tòiseachadh air an dreuchd uasail sin. Mar sin dheth, leig mi soraidh slàn le mo mhàthair agus le mo bhràthair a b' òige agus ghabh mi air mo thuras don tìr-mhòir còmhla rim athair.'

'Cha robh sin furasta dhuibh aig aois cho òg,' arsa mise.

'Cha robh agus cha chanainn-sa gun robh mi air mo dhòigh

aig an toiseach. An coimeas ri Cille DoBheanain, bha sràidean Dhùn Èideann salach gleadhrach. Bha mi caran aonaranach – ged a dhèanadh m' athair a dhìcheall gus sgilean an lighiche ionnsachadh dhomh, b' ann tric a bha e an sàs ann an gnothaichean na cùirte. 'S dòcha gun do dh'aithnich e sin – chuir e air dòigh gum biodh oide agam a leasaicheadh mo chuid sgilean ann an leughadh agus sgrìobhadh. A thuilleadh air sin, bha agam ris na modhan cearta a thogail a bha cubhaidh don chùirt. Nach math an leigheas do na h-aonaranaich a bhith trang ag obair? Nuair a thill sinn a dh'Eilean Bhòid aig deireadh na bliadhna, chuir mo mhàthair umhail mhòr orm. Thuirt i gun robh mi air fàs gu bhith nam fhear òg ann am beagan mhìosan agus gun robh i cho moiteil asam. Tha cuimhne agam gun robh na deòir na sùilean.

'Thar nam bliadhnaichean a lean, thòisich mi mean air mhean ag obair mar fhear-cuideachaidh dom athair. Chuala mi e a' toirt comhairle don Rìgh Seumas a Trì air riaghailt bìdh agus air dòigh-beatha, agus mise nam sheasamh gu modhail ceum air a chùlaibh. Chunnaic mi m' athair a' breithneachadh tinneasan nan cùirteirean agus nan searbhantan ann an Caisteal Dhùn Èideann. Bhiomaid a' gabhail beachd air a' bhuille-chuisle agus air an fhual còmhla ri chèile. Uaireannan, bhiodh e ag iarraidh orm mo bheachd fhèin a chur an cèill. Cha robh mòran tuigse agam air tinneasan aig an àm ach bha mi ag ionnsachadh tòrr bhom athair mu ealain an lighiche: an toiseach, feuch am faigh thu earbsa an euslaintich bho bhith ag èisteachd ris gu cùramach; na bi ann an cabhaig; cuir do làmhan air gu socair; gabh beachd air a' bhuille-chuisle agus air an fhual; an dèidh dhut breithneachadh a dhèanamh, thoir comhairle don euslainteach gu h-onarach air na nithean as fheàrr a chuireas na lionntan aige no aice air ais ann an cothrom. Nam biodh an t-euslainteach ann an èiginn, bhiodh cungaidh-leighis ann a dhèanadh feum – luibh à preas m' athar no pùdar a dheasaicheadh am poitigeir dha. Corra uair, dh'fhosgladh e cuisle aig caol an dùirn no aig an adhbrainn chum fuil a leigeil às. Agus an rud a bu mhotha a ghlac m' aire – nam biodh duine air a leòn, dhèanadh e obair-lannsa. Ge b' e air bith a bha ceàrr, bha e follaiseach dhomh gun robh cùram mòr aig m' athair airson an euslaintich aige.'

'Tha cuimhne mhath agam air ur n-athair, a Mhaighstir. Cha robh duine anns a' chùirt nach toireadh moladh àrd dha.'

Chrom an lighiche a cheann dham ionnsaigh, 'Nuair a bha mi ceithir bliadhna deug a dh'aois, chuir m' athair air falbh bhon chùirt mi. Chaidh mi don oilthigh ùr ann an Glaschu, faisg air a' chathair-eaglais mhòir. Abair atharrachadh nam bheatha! Bha mi a' fuireach anns a' *Hospicium* còmhla ri dà fhichead oileanach 's a sia agus na maighstirean-sgoile againn, a' chuid a bu mhotha dhiubh nam pearsachan-eaglais. Bha gùnachan fada dubha oirnn – sin mar a dh'àithn riaghailtean an oilthighe – agus bhruidhinn sinn ri chèile anns an Laideann. Dh'òrdaicheadh ar beatha a rèir gnàthan agus fèillean na h-Eaglaise – thòisicheamaid gach latha le bhith a' seinn *Mattins* anns a' chathair-eaglais, agus chuireamaid crìoch air gach latha le bhith a' cantainn *Compline* còmhla ris na maighstirean anns a' *Hospicium*. Air eagal 's gum biomaid a' dìochuimhneachadh nan ùrnaighean-feasgair seo, rachadh clag a bhualadh an dèidh ar dìnneir. Nuair a thigeadh na h-ùrnaighean-feasgair gu crìch, bhiodhte an dùil gum fanamaid nar tost agus gun rachamaid a chadal. Bhiodh na maighstirean a' cumail sùil gheur oirnn. Bha e toirmisgte dhuinn falbh às a' cholaiste air an oidhche ach, mar a thuigeadh tu, ghabhadh fear no dhà ris na cunnartan a bha ann – sin mar a bhios na balaich daonnan.'

'B' ann teann da-rìribh a' bheatha a bh' agaibh,' arsa mise.

'B' ann,' fhreagair esan le gàire beag, 'ach fhuair a' mhòr-chuid de na h-oileanaich tlachd innte. Bha biadh gu leòr ann agus bha e blasta ged a bha ballachan an t-seann taigh-fuine gu bhith a' tuiteam am broinn a chèile. Leis an fhìrinn innse, cha robh am biadh càil na b' fheàrr nuair a chaidh an taigh-fuine ath-thogail. Ged a bha na riaghailtean trom, b' ann còir laghach a bha na maighstirean. Bha meas mòr agam air a' Chanan Gall, a' chiad mhaighstir a bh' agam air cuspairean an *trivium* – gràmar, loidig agus reatoraig. Aig an toiseach, bha an t-eagal orm roimhe – eucoltach ris na sgoilearan stòlda, bhiodh e a' coiseachd aig peilear a bheatha tron cholaiste, gruaim air agus a ghùn air fleòdradh air a chùlaibh. Mar a chaidh an ùine seachad, ge-tà, fhuair mi a-mach gur e duine fìor ghasta a bh' ann. Bidh mi fhathast a' cur litir thuige turas no dhà sa bhliadhna agus a' cluinntinn air ais bhuaithe.

'B' ann glic a bha m' athair nuair a chuir e gu Oilthigh Ghlaschu mi. Mar lighiche, bha e riatanach dhomh gum faighinn foghlam agus, mar a thachair, rinn na dh'fhiosraich mi ann an Glaschu atharrachadh mòr orm. Cheumnaich mi mar *Baccalaureus Artium* aig aois sia bliadhna deug. An uair sin chuir mi seachad dà bhliadhna a bharrachd ag ionnsachadh matamataig, geomatras, ceòl agus reuladaireachd mus do bhuilicheadh *Magister Artium* orm. Ach cha b' i an obair sgoilearach a-mhàin a bha a' còrdadh rium. Rinn a' chathair-eaglais làrach dhomhain orm, agus dh'fhàs an creideamh agam gu bhith mòran na bu treasa.

'Tuigidh tu gun robh mi ag ionndrainn an teaghlaich agam rè nam bliadhnaichean seo, ach chaidh iad seachad mar a thèid gach nì seachad. Bha fòrlaidhean ann aig àm na Nollaige, aig a' Chàisg agus aig a' Chaingis agus bhiodh cothrom dhomh tadhal air m' athair ann an Dùn Èideann no, nan ceadaicheadh an t-sìde, a dhol a dh'Eilean Bhòid. Corra uair, bhiodh m' athair a' dol dhachaigh còmhla rium agus bhiodh an teaghlach fo na h-aon chabair fad seachdain no dhà.'

'Chan eil mi cho dèidheil air a' mhuir sa gheamhradh,' arsa mise. 'Bidh cur na mara orm. Ach b' fhiach e airson cruinneachadh teaghlaich mar sin – rudeigin nach do dh'fhiosraich mise a-riamh nam bheatha, tha mi duilich a ràdh.'

Chaidh gille-stàbaill seachad oirnn le each. Thug e sùil aithghearr orm, co-fhaireachdainn na ghnùis.

Lean Mgr Leich air ann an guth ìosal – cha robh e airson gun dèanadh duine sam bith farchluais air. 'Dh'fhàg mi Glaschu nuair a bha mi fichead bliadhna a dh'aois ach cha do thill mi a Dhùn Èideann idir. Bha m' athair den bheachd gum bu chòir dhomh luibh-eòlas ionnsachadh bhon fhear-dàimh aige, Aonghas Peutan, a bha na lighiche do MhacLeòid Dhùn Bheagain. Thàinig caochladh mòr air mo bheatha turas eile. Rinn Aonghas Peutan breithneachadh air tinneasan an t-sluaigh mar a rinn m' athair ann an Dùn Èideann, ged a bha a dhòighean caran eadar-dhealaichte – bha e den bheachd gun robh buaidh mhòr aig a' ghealaich air bodhaig agus inntinn nan euslainteach. Ach cha robh e cho trang 's a bha m' athair agus bha ùine gu leòr againn luibhean de gach seòrsa a sgrùdadh. Bha naoi luibhean air fhichead a' fàs ann an lios-luibhean Caisteal Dhùn Bheagain a chleachdadh e mar chungaidh-leighis, agus bha mòran a bharrachd rin lorg air monaidhean agus air cladaichean an Eilein Sgitheanaich. Mar eisimpleir, bhiodh e a' cur feamainn a' chladaich gu feum: chleachdadh e càl duilisg mar leigheas don ghoile, agus lùireach – feamainn thana mhìn – mar ìoc-chòmhdach air neasgaidean. Cha bu bheag a dh'ionnsaich mi bhuaithe.

'Ach cha b' e an luibh-eòlas a-mhàin a bha a' còrdadh rium ann an taigh Aonghais Pheutain. Bha nighean àlainn aige, Iseabail. Taobh a-staigh bliadhna, dh'fhàs sinn gu bhith bàidheil dha chèile – bha ùidh againn san aon seòrsa ciùil agus litreachais. Bha sinn òg – ro òg a bhith a' smaoineachadh air pòsadh – ach, gun teagamh, bha gaol a' sìor fhàs eadarainn. Cha robh fios aig m' athair air seo agus gun fhiosta chuir e stad air an t-suirghe againn. Tha cuimhne agam fhathast air an litir a sgrìobh e thugam – thàinig e mar chlach às an adhar. Bha agam ri dhol a dh'obair mar phreantas do lannsair ainmeil ann an Strasbourg – Mgr Hans von Gersdorff. Bidh cothrom agam innse dhut beagan mu dheidhinn a-rithist. Ach dh'fhàg mi Iseabail agus an t-Eilean Sgitheanach agus chuir mi seachad ceithir bliadhna ann an Alsace, air tìr-mòr na Roinn Eòrpa.

'Is cinnteach nach biodh ur n-athair air sin a chur air dòigh nan robh fios aige air a' ghaol a bh' ann eadaraibh,' arsa mise.

'Cha bhitheadh,' fhreagair Mgr Leich, le faireachdainn làidir. 'Agus cha robh fios aige gun robh tinneas a' dol a thoirt bàs dha fhèin taobh a-staigh nan ceithir bliadhna ud. B' i an naidheachd bhrònach mu bhàs a thug orm tilleadh a dh'Alba as t-samhradh 1510.

'Bha briseadh-cridhe orm nach biodh cothrom agam bruidhinn rim athair tuilleadh no èisteachd ri a chomhairle ghlic. Ach bha mi air a thoil-san a choileanadh gus an dearbh litir – bha mi air eòlas fhaighinn air obair-lannsa an dà chuid ann an Strasbourg agus air blàran-cogaidh na h-Eadailt. Chaidh mi a Chille DoBheanain a thoirt taic do mo mhàthair, ach bha fios aice gun robh litrichean air a bhith a' dol eadar mi fhìn agus Iseabail agus, an dèidh cola-deug aig an taigh, thuirt i rium gum bu chòir dhomh a dhol don Eilean Sgitheanach a thadhal oirre. Chaidh ar pòsadh agus chuir sinn seachad bliadhna air Eilean Bhòid far am bithinn ag obair air an fhearann nuair nach robh obair-lighiche ri dhèanamh. B' e làithean geala a bh' annta, agus sinn cho sona le chèile.

'Bidh e duilich dhomh bruidhinn air an ath rud a thachair. Ach bu toil leam innse dhut… na cnàmhan dheth innse dhut ann am beagan fhaclan. Rugadh leanabh mic dhuinn ach cha do mhair Iseabail beò. Chaochail i ceithir latha an dèidh a saothrach. Rinn mi na b' urrainn dhomh, ach thrèig mo sgilean mi nuair a bu mhotha a bha feum agam orra.'

Bha an lighiche na thost airson greis.

'Tha ar mac, Gille-Chrìost, còmhla ri mo bhràthair agus a theaghlach a-nis. Bidh iadsan a' coimhead às a dhèidh fhad 's a bhios mi ann an seirbhis an rìgh. Tha e na urram dhomh dreuchd m' athar, nach maireann, a ghabhail thairis.'

Bha na h-eich deiseil. Thog sinn oirnn air an rathad chun na h-àird' an ear.

Ràinig sinn Obar Bhrothaig goirid an dèidh uair na h-Ùrnaigh Fheasgair. Fhad 's a bha sinn a' dlùthachadh ri taigh an aba, chunnaic sinn na manaich a' coiseachd gu sèimh a dh'ionnsaigh a' bhiadh-lainn gus am biodh iad air an neartachadh le biadh agus le deoch.

Tha sìth aig na Beinidictich seo nach gabh milleadh le othail a' bhaile bhig iasgaich a tha ri taobh na h-abaid. Bidh iad a' cumail orra fad an latha le *Opus Dei*, cuairt gun stad de dh'ùrnaigh agus de mholadh. Thòisich iad an-diugh fhad 's a bha sinne nar cadal ann am Peairt agus tillidh iad don abaid ann an ciaradh an fheasgair airson seirbheis dheireannach an latha a sheinn. Tha fios agam gum bi an rìgh ag iarraidh a bhith an làthair airson nan ùrnaighean seo. Bidh fois choileanta ann – cha bhi cead aig muinntir Obar Bhrothaig a dhol a-steach do dh'ionad-coisrichte na h-eaglaise fhad 's a bhios na manaich ri an adhradh.

Tha taigh an aba gu math cofhurtail – nas cofhurtaile na na cillean ann am Peairt. Tha e furasta ri fhaicinn carson a tha e air còrdadh ris an rìgh a bhith a' fuireach an seo thairis air na bliadhnaichean. An turas seo, ge-tà, chan eil an t-aba fhèin, Seòras Hepburn, Easbaig nan Eilean, aig baile gus fàilte a chur air an rìgh – 's e am Fo-phrìthear Ridseard Scot a bhios a' gabhail a bhìdh còmhla rinn. 'S e duine caran fad às a tha anns an fho-phrìthear – rud às an àbhaist do na Beinidictich – agus chan eil e ro mhath air còmhradh. Tha coltas air gum b' fheàrr leis a bhith anns a' bhiadh-lann, a' gabhail a bhìdh ann an sàmhchair fhad 's a tha fear de na manaich a' leughadh pìos den Sgrìobtar Naomh no earrann à riaghailt Naoimh Bheinidict. 'S e Dihaoine a tha ann, latha na traisg, ach, a dh'aindeoin sin, tha bradan, maoraich agus gèadh air a' bhòrd agus fìon geal am pailteas. Tha mi a' toirt an aire, ge-tà, nach eil am fo-phrìthear a' gabhail gin dhiubh seo ach dìreach beagan sùigh air pìos arain. Tha e ag òl cupan leanna. Fhad 's a tha am bòrd ga sgioblachadh, tha an rìgh a' cur ceist air, 'Am faca tu an t-aba o chionn ghoirid, Fho-phrìtheir?'

'Chan fhaca, a Shir. Cha chreid mi nach eil e trang an-dràsta leis na dleastanasan easbaigeach a th' aige ri dhèanamh. No 's dòcha gu bheil e aig taigh mac a bhràthar, Àdhamh Iarla Bhoth Chluaidh, ann an Lìdeasdal. Bidh e duilich nuair a chluinneas e gun do chaill e an cothrom fàilte a chur oirbh an seo.'

'Gun teagamh,' tha an rìgh a' freagairt. 'Ach bidh sinn

a' coinneachadh ann an ùine nach bi fada faisg air crìochan Shasainn.'

'Gu dearbh, a Shir,' tha am fo-phrìthear ag ràdh, agus bròn follaiseach na ghuth. 'Gun dìonadh an Tighearna sibh bho gach olc.'

Mar a bha sinn an dùil, tha am fo-phrìthear air cuireadh a thoirt dhuinn tilleadh còmhla ris don abaid airson *Compline*. Tha an triùir againn, mi fhìn, an rìgh agus Mgr Eanraig Leich, ga leantainn tron chlabhstair anns an dubh-thràth.

Chan fhacas riamh fo ghrèin no fo ghealaich càil coltach ris an abaid. Cho luath 's a tha sinn ann an corp na h-eaglaise, tha meud agus àirde an àite a' cur iongnadh oirnn – chan eil teagamh sam bith gur i seo an eaglais as motha ann an Alba. Tha sinn a' leantainn nam manach sìos an trannsa mheadhanach ri solas coinnle, agus ceudan dhiubh a' priobadh air coinnlearan àrda agus air na taobh-altairean. Eadar na cuilbh ro-mhòra, tha mi a' toirt sùil suas ach chan fhaic mi mullach na h-abaid, tha e cho àrd os ar cionn. Air cùlaibh sgàilean an ròid, taobh a-staigh an ionaid-choisrigte, tha am fo-phrìthear a' sealltainn dhuinn far a bheil sinn gu bhith nar suidhe. Tha sàmhchair dhomhainn ann. Chì mi solas fann a' tighinn a-steach fhathast tron uinneig mhòir chruinn chun na h-àird' a deas.

An dèidh faclan-tòiseachaidh an fho-phrìtheir, tha guthan nèamhaidh nam manach a' seinn: '*Sobrii estote et vigilate quia adversarius vester diabolus tamquam leo rugiens circuit quaerens quem devoret cui resistite fortes in fide.*'[5]

---

5 Bithibh stuama, dèanaibh faire; do bhrìgh gu bheil bhur nàmhaid an diabhal, mar leòmhann beucach, ag imeachd mun cuairt, a' sireadh cò a dh'fhaodas e shlugadh suas. Cuiribh-se na aghaidh, air dhuibh a bhith daingeann anns a' chreideamh. 1 Peadar v, 8, 9

Tha an Rìgh a' bruidhinn ris an Amadan

'Nach robh an *Compline* air leth math a-nochd, a Thòmais? Chan eil ùrnaighean ann as fheàrr a chòrdas rium – a' guidhe air Dia airson sìth agus sàmhchair aig deireadh an latha, aig deireadh na beatha bàsmhoire seo. Agus a-nis fois do na manaich gus an tòisich iad le *Mattins* a-màireach. Tha spèis mhòr agam do na fir seo, ach bha e follaiseach dhomh gun robh am fo-phrìthear mì-chofhurtail. Tha mi duilich nach do chòrd e ris a bhith a' gabhail a bhìdh còmhla rinn.'

''S dòcha nach do chòrd, a Shir. Ach 's e duine cràbhach a th' ann. Chan eil mi 'n dùil gum biodh e briathrach aig àm sam bith.'

'Saoil a bheil am fo-phrìthear an aghaidh na h-ionnsaigh a tha fa-near dhuinn. An do chuir sin ris an diomb aige a-nochd?'

Tha an rìgh a' leigeil osna às, 'Ach tha amharas agam nach eil e a' gabhail gu toilichte ris an roghainn a rinn mi nuair a shuidhich mi an t-Easbaig Seòras mar aba agus mar *chommendator* an seo. 'S dòcha nach bi e a' faighinn mòran taic bhuaithe. Ged a tha fios agam gu bheil an t-aba air Seumas MacEanraig a shuidheachadh na fhear-tagraidh às leth na h-abaid. Tha e ga phàigheadh às an sporan aige fhèin. Bidh am fear-tagraidh a' gabhail os làimh cùisean airgid agus gnothaichean laghail – is cinnteach gum bi sin na chuideachadh mòr don fho-phrìthear leis na tha ann de dh'fhearann agus de bheairteas fo riaghladh na h-eaglaise seo. Cha bhiodh e ag iarraidh ùine a chur seachad an sàs anns na cùisean saoghalta sin, am biodh?'

Tha mi a' crathadh mo chinn, ag aontachadh leis.

'Leis na chunnaic sinn de chràbhadh nam manach a-nochd, tuigidh mi nach eil am fo-phrìthear air a dhòigh le naomhachd Sheòrais. Ach tha am prìomhachas aige fhèin aig gach duine againn, agus 's e a tha agamsa an rìoghachd a thug Dia dhomh a neartachadh cho math 's as urrainn dhomh. Tha Seòras Hepburn gu math comasach agus b' ann uasal na daoine às an tàinig e.

'Tha mi cinnteach gum bi fàilte nas blàithe a' feitheamh oirnn ann an Obar Dheathain. Tuigidh tu gu bheil an t-Easbaig Elphinstone cho eudmhor cràbhach ri fear sam bith de na pearsachan-eaglais ach tha e nas mothachaile, nas eòlaiche air riatanasan poilitigeach. Bhon a chuir e seachad a bheatha anns a' chùirt, bidh fios aige nach bu mhise a thòisich air àrd-dreuchdan na h-eaglaise a chleachdadh mar dhuaisean airson comas seach naomhachd. Rinn m' athair agus mo sheanair strì an aghaidh a' Phàpa air an dearbh rud – ged a dh'fheumainn aideachadh gum bu mhise a b' fheàrr a shoirbhich.

'Tha seo a' toirt air ais air m' inntinn an càineadh a rinneadh orm an dèidh dhomh mo bhràthair ainmeachadh mar Easbaig Chill Rìmhinn. Seumas bochd, gum biodh fois shìorraidh aig anam. Ach nuair a chuir mi ainm mo mhic air adhart airson na h-aon àrd-dreuchd an dèidh bàs mo bhràthar, cò a bhiodh cho dàna 's gun abradh e facal nam aghaidh? Nach robh Alasdair a' mealtainn an fhoghlaim a b' fheàrr a bha ri fhaighinn anns an Roinn Eòrpa? Mhol an Rùnaire Pàdraig Paniter e chun nan speuran mus deach e a Phadua, far an robh e fo stiùireadh Erasmus fhèin, an sgoilear as cliùitiche air an t-saoghal.'

'Gu dearbh, a Shir.'

'Agus dhaibhsan a theireadh gun robh mi air na h-òrdughan cràbhach a lagachadh, dh'iarrainn orra tadhal air an abaid dhrùidhtich seo ann an Obar Bhrothaig. No thigeadh iad còmhla rium aig àm na Càisge a Thaigh Mòr nam Manach Liath Teanna ann an Sruighlea, an taigh a thogadh lem airgead fhìn! Com-pàirticheadh iad còmhla rium ann am beatha chruaidh nam Manach Liath mus dèanadh iad càineadh orm!'

Tha aodann an rìgh a' fàs dearg. Tha an t-àm agam rudeigin a chur ris a' chòmhradh, 'Tha an gliocas agaibh follaiseach, eadhon do dh'amadan mar a tha mise.'

Tha an rìgh ag amharc orm, 'Tha thu nad amadan mar dhreuchd, a Thòmais. Ach chan eil thu amaideach idir.'

Tha mi a' cur a' churraic agam na sheasamh air mo cheann mar chìr a' choilich, 'Mar sin dheth, a Shir, am faod mi a ràdh nam biodh tuigse na circe aig duine, bhiodh e a' dol leam?'

Tha fiamh a' ghàire a' nochdadh air aodann an rìgh.

Tha mi a' tarraing a' churraic sìos, a' còmhdach mo shùilean. 'Mura biodh e cho dall ri damh ann an ceò.'

Tha mo mhaighstir ri gàireachdainn, 'A Thòmais, tha an eirmse agus an fhaoineas agad air làmh-an-uachdair fhaighinn orm a-rithist. Nach cuir sinn na cuspairean sàrachail seo an dara taobh? Bu chòir dhuinn a dhol a chadal.'

Tha e ag èirigh air a chasan. 'Tapadh leat agus oidhche mhath, a Thòmais.'

'Oidhche mhath, a Shir.'

Tha mi an dùil gum bi mi a' cadal mar chlach. Gum biodh an aon tàmh aig mo mhaighstir.

Lùchairt an Easbaig Elphinstone, Obar Dheathain
Fèill Sancti Romani, Martair
(Disathairne 9 Lùnastal 1513)

CHA DEACH ABAID Obar Bhrothaig às an t-sealladh mus robh an rìgh a' marcachd aig ceann na buidhne againn. Bha coltas air gun robh e na chabhaig a bhith a' ruigsinn Obar Dheathain. B' e latha brèagha a bha ann agus cha robh sgòth ri fhaicinn anns an iarmailt nuair a chaidh sinn seachad air a' Chaisteal Ruadh os cionn Bhàgh Lunan. Cha b' fhada gus an deach ar n-aiseag thairis air an abhainn a Mhontròis far an robh eich ùra a' feitheamh oirnn. Cha robh an rìgh airson anail a ghabhail idir, agus chùm sinn oirnn a Shròn na h-Aibhne mus do stad sinn airson greis. B' ann anns a' bhaile bheag ud a bha cothrom agam an tuilleadh fhaighinn a-mach mu Mhgr Eanraig Leich agus na thachair dha air tìr-mòr na Roinn Eòrpa.

'Cha robh mi ach dà bhliadhna air fhichead a dh'aois nuair a dh'fhàg mi Alba. Bha m' athair air a chur air dòigh gum bithinn nam phreantas do lannsair a bha ag obair ann an Ospadal Naoimh Antòin ann an Strasbourg. B' e duine cliùiteach a bh' anns an fhear seo, Mgr Hans von Gersdorff, agus bha aig m' athair ris an inbhe aige fhèin, mar am prìomh lighiche rìoghail ann an Alba, a chleachdadh mus do dh'aontaich e ri gabhail rium mar oileanach.

'Chaidh mi air bòrd bàta faisg air Dùn Èideann agus, an ceann trì latha, ràinig mi an caladh faisg air Bruges mar a rinn an t-Aos-Dàna thar nan linntean a dh'fhalbh. Fhuair mi eòlas air buidheann thaistealaichean a bha a' dol chun na h-àird' a deas agus thug mi an rathad orm còmhla riutha. Aig an toiseach, cha robh duilgheadas sam bith agam a thaobh cànain – bha Fraingis no an Laideann aig a h-uile duine. Ach nuair a ràinig sinn Alsace, an sgìre anns a bheil Strasbourg, cha robh e cho furasta dhomh – bha muinntir na sgìre a' bruidhinn dualchainnt Ghearmailteach a bha do-thuigsinn dhomh.

'Tha Strasbourg air tè de chathraichean Ìmpireachd Naomh an Ròimh – cha bu luaithe a laigh mo shùil air na bha mi air mo dhòigh leis. Tha e beairteach mar thoradh air a' mhalairt leis na bailtean-mòra ann an srath Abhainn Rhine, beairteas a tha follaiseach anns gach ceàrn den bhaile. 'S e a' chathair-eaglais, Eaglais Notre Dame, an togalach as àirde air an t-saoghal – fada mus fhaiceadh tu am baile, chitheadh tu binnean na h-eaglaise a' seòladh ann an àird nan speur.'

'Chan eil e nas àirde na binnean Abaid Obar Bhrothaig, a bheil?' dh'fhaighnich mise.

'Ò tha, a Thòmais,' fhreagair esan le gàire. 'Ach bha agam ris a' mhìorbhail ud a chur an dàrna taobh. B' e lorg fhaighinn air an lannsair ainmeil a' chiad rud a bh' agam ri dhèanamh ann an Strasbourg. Bha fios agam gun robh grunn ospadalan anns a' bhaile-mhòr ach gum b' ann aig Manachainn Naoimh Antòin a b' fheàrr leis a bhith ag obair. Tha sgilean àraidh aig manaich an òrduigh ud leothasan air a bheil an tinneas oillteil, Teine Naoimh Antòin. Bha mo chridhe nam shlugan nuair a bhuail mi clag na manachainn, ach bhruidhinn manach rium gu coibhneil anns an Laideann mus do thog e air an tòir an lannsair.

'Bha mi a' feitheamh ann an cùirt-lios na manachainn fad ùine mhòir, agus muinntir a' bhaile a' falbh 's a' tighinn, cuid dhiubh nan euslaintich le am buill no an ceann suainte ann an stiallan anairt. Thug mi an aire gun robh cas no gàirdean a dhìth air feadhainn aca. Bha i teth, agus fad na h-ùine bha clagan nan eaglaisean a' seirm ann an àird air choreigin den bhaile. Leis a h-uile rud ùr a bha ann, cha mhòr nach robh mi air mo chur tuathal. Ach aig a' cheann thall, nochd am maighstir fhèin le fear òg ceum air a chùlaibh. Bha Hans von Gersdorff timcheall air leth-cheud bliadhna a dh'aois. Bha e meadhanach àrd agus bha falt liath air, air a bhearradh gu dlùth. Bha e fiar-shùileach, gu ìre, agus cha robh mi buileach cinnteach co-dhiù a bha no nach robh e a' sealltainn orm gu dìreach. Bha e stòlda na dhòigh ach, mar a bha mi gu bhith a' faighinn a-mach, bha e blàth coibhneil na nàdar. Rug e air làimh orm mus do chuir e mi an aithne an fhir òig a bha còmhla ris – a mhac, Heinrich. Aig an toiseach, bha e a' bruidhinn gu luath ann an Gearmailtis na sgìre, ach nuair a thàinig e a-steach air nach robh mi ga thuigsinn, bhruidhinn e anns an Laideann. Cha d' fhuair mi an Laideann aige furasta a thuigsinn na bu mhotha ach dh'fhàsainn cleachdte ris anns na mìosan a bha romhainn. Bha a mhac trì no ceithir bliadhna na b' òige na mise – bhon toiseach, ghabh e rium mar a bhràthair a bu shine. Bhiomaid nar caraidean dlùtha ann an ùine ghoirid.'

'Nach math gun robh e ann,' arsa mise, 'a bhith na eadar-theangaiche dualchainnt athar. Cha tàinig e a-steach orm roimhe seo gu dè cho cudromach 's a tha an Laideann don lighiche, agus e ag ionnsachadh a chuid sgilean.'

'Ò tha. Nam biodh tu airson na leabhraichean-leighis a b' ainmeile a leughadh, dh'fheumadh Laideann a bhith agad, ged a tha an luchd-dàimh agam air mòran dhiubh a thionndadh gu Gàidhlig thar nan linntean. Ach 's i an Laideann a bha feumail dhomh an latha ud agus a thug misneachd dhomh a' chiste agam fhàgail le fear de na manaich fhad 's a rachadh mo thoirt air chuairt a dh'fhaicinn seòmraichean an lannsair. Bha dà sheòmar mhòr ann, ceithir leapannan anns gach fear dhiubh, agus seòmar na bu lugha anns an robh bòrd nan opairèisean agus dà phreas àrd, làn den uidheim a bhiodh feumail airson obair-lannsa. An dèidh sin, chaidh mo chur le cuideachadh Heinrich gus an taigh-loidsidh agam a lorg. Bha againn ri tilleadh cho luath 's a ghabhadh – bha obair ri dhèanamh. Anns na seachdainean agus na mìosan a bha air thoiseach orm, cha bu bheag a bhithinn ag ionnsachadh bhon mhaighstir – an dòigh cheart a bhith a' làimhseachadh innealan an lannsair, na modhan a b' fheàrr a bhith a' glanadh agus a' ceangal lotan.'

'Bha tobar sgeulachdan aig an duine urramach. B' e bearradair-lannsair a bha na athair a bhrosnaich a mhac a bhith a' leantainn na dreuchd aige fhèin. Thug e Hans còmhla ris nuair a chaidh e a fhrithealadh do dh'fhir Strasbourg agus iad a' dèanamh sabaid an aghaidh Teàrlach Dàna, Diùc Bhurgundaidh. 'S e duine uaibhreach a bh' anns an diùc seo – bu mhiann leis an tiotal Ìmpire Naomh an Ròimh a ghabhail air fhèin. Bha sannt gun chrìoch aige air fearann agus air airgead agus bha e ri droch-bheairtean agus còmhraig gun stad. Ach nuair a dh'fheuch e ri smachd a thoirt air bailtean-mòra Strasbourg, Cologne agus Bern, choinnich e ri sluagh daingeann.'

'Thathar ag ràdh gu bheil Maois ann do gach uile Phàraoh,' arsa mise.

Ghnog Mgr Leich a cheann. 'Chanainn-sa gu bheil sin ceart. Oir thàinig muinntir nam bailtean seo agus srath Abhainn Rhine còmhla ann an caidreabh gus an dìonadh fhèin an aghaidh feachdan Bhurgundaidh. Chuireadh blàran aig Grandson agus aig Murten mus do rinn iad a' chùis air an diùc agus air an arm aige aig Nancy. Bha mòran dhaoine air an droch leòn leis na bha ann de shabaid agus b' ann trang a bha na lannsairean. Choisinn Hans von Gersdorff cliù dha fhèin leis na sgilean a bh' aige ann an gearradh dheth nan casan agus nan gàirdean a chaidh a sgrios leis na gunnaichean-mòra.'

Thog sin dealbh de dh'obair-lannsa nam inntinn a chuir grìs-fhuachd orm. 'B' fheàrr leam gun a bhith a' faicinn fuil nan saighdearan a' sileadh – gun luaidh air an fhuil agam fhìn! Is cinnteach gum feumadh duine a bhith seasmhach an obair sin a ghabhail os làimh – chan e am fear a bhriseadh fhiaclan air duilleig leatais!'

'Chan e gu dearbh,' fhreagair esan le fiamh a' ghàire. 'Agus mar a bhiodh dùil agad, bha beachdan làidir aig Mgr Hans air obair-lannsa, a mhìnich e dhomh mar 'an làmh luath sgileil air a stiùireadh le eòlas'. Cha b' fhada gus an d' fhuair mi a-mach dè as adhbhar do spèis m' athar dha: bha e coibhneil cùramach do na h-euslaintich; a thaobh nan lotan, b' fheàrr leis a bhith a' co-obrachadh còmhla ri nàdar seach a bhith ga èigneachadh; cha robh e airson brachadh a bhrosnachadh nam biodh cothrom an lot a leigheas às aonais. Chuir e gu feum na leasanan a dh'ionnsaich e air blàr a' chogaidh na obair shìobhaltach air muinntir Strasbourg. Is math a chaidh leis na h-euslaintich aige.

'San earrach 1509, bha ùpraid mhòr ann an Strasbourg. Bha Rìgh Louis a Dhà-dheug na Frainge agus an t-Ìmpire Maximillian a' togail arm mòr airson ionnsaigh a thoirt an aghaidh Diùc Venice agus bha fir Alsace gan gairm ris a' chath. Bu tric a chuala mi fhìn agus Heinrich am maighstir ag ràdh gum b' e blàr a' chogaidh an sgoil a b' fheàrr do lannsairean. Cha do chuir e iongnadh oirnn, ma-thà, nuair a thug e comhairle dhuinn a dhol gu deas mar lannsairean don arm, ged a bha e follaiseach gun robh e fo chùram mar deidhinn.'

'Tha mi cinnteach gun robh, agus eòlas aige fhèin air cunnartan a' chatha. Ach nach rud neònach e mar a tha a t-uabhas dhaoine air an dubh-chrochadh air fòirneart.'

'Tha mi a' dol leat, a Thòmais. Bha rìghrean na Frainge, Teàrlach a h-Ochd an toiseach agus Louis às a dhèidh, air a bhith a' cur armailtean don Eadailt a h-uile bliadhna, cha mhòr, fad còig bliadhna deug. Bha na rìghrean Frangach den bheachd gum b' iadsan na h-oighreachdan dligheach air sgìre Naples. Bha an dà chuid buaidh agus call air a bhith aca ach b' e deireadh an sgeòil gun d' fhuair iad a-mach nach robh e furasta idir smachd a chumail air an sgìre sin. A-nis, bha iad airson ionnsaigh a thoirt air muinntir Venice a bha a' ceannsachadh nam port Adriatic cho fada gu deas ri Apulia. Mar fhir òga, cha robh mi fhìn agus Heinrich a' gabhail beachd air connspaidean nan cumhachdan mòra no air na cuilbheartan aca. Ach bha sinn air ar dòigh gun robh sinn air cead Mhgr von Gersdorff fhaighinn a dhol a fhrithealadh don arm ro-mhòr seo.

'Thog sinn oirnn air ar turas fhada thairis air na h-Alps. Aig an toiseach, cha robh dragh sam bith againn ach a-mhàin biadh gu leòr fhaighinn – tha cuimhne agam air latha a chaidh mi fhìn agus Heinrich a dh'iasgach ann an lochan a' chiad char sa mhadainn feuch am faigheamaid iasg gu ar bracaist. Chan fhacas dòrtadh-fala gus an do ràinig sinn Abhainn Po ann an ceann a tuath leth-eilean na h-Eadailt. Bha muinntir Venice air an t-arm aca fhèin a thogail agus mòran shaighdearan-duais a chur ris. Bha grunn arrabhaigean ann a thug cothrom dhuinn a bhith ag obrachadh air na fir a chaidh a leòn le claidheamhan, le saighdean agus leis na peilearan a thilg an *arquebus*, gunna aotrom a bhathar a' losgadh bhon ghualainn. Dh'fhaodadh e a bhith gun robh muinntir Venice a' feuchainn ri blàr fosgailte a sheachnadh – bha arm nam Frangach mòr an coimeas ris na feachdan aca fhèin. Ann an ciad mhìos an t-samhraidh, ge-tà, bha blàr fuilteach ann faisg air a' bhaile ris an canadh iad Agnadello. Chaidh an latha leis na Frangaich ach bha mòran dhiubh air an droch leòn – nach bu sinne a bha trang, mi fhìn agus Heinrich, fad an latha agus tron oidhche a lean. Cha robh lot ann nach fhaca sinn an latha ud – thàinig na saighdearan thugainn nan ceudan. Agus, mar a thuigeadh tu, cha b' e latha a' chatha deireadh a' ghnothaich. Bha sinn ag obair air na fulangaich fad dhà no thrì sheachdainean, a' cumail sùil air na lotan aca agus gan ceangal suas. Bha sinn anns an Eadailt airson ceithir mìosan uile gu lèir – thàinig sinn dhachaigh leis na fir-airm aig deireadh na seirbheise aca.'

'Nach b' e Mgr von Gersdorff a bha toilichte ur faicinn agus an dithis agaibh slàn fallain,' arsa mise.

'B' e,' fhreagair Mgr Eanraig. 'Ach nach b' ann aigesan a bha a' chomhairle ghlic anns a' chiad dol-a-mach. Thàinig mi fhìn agus Heinrich air ais mar lannsairean dearbhte anns a' chath. Bha e mar gun robh am maighstir gar coimhead bho shealladh eadar-dhealaichte, mar gun robh sinn air tighinn gu inbheachd.'

''S e cleachdadh a nì teòmachd,' arsa mise. 'Agus an do thill sibh a dh'Alba goirid an dèidh sin?'

'Thill,' thuirt e gu sòlaimte. 'Fhuair mi litir bho mo mhàthair mu bhàs m' athar. Bha i airson gum bithinn a' tilleadh dhachaigh cho luath 's a ghabhadh – agus bha fios agam fhìn gum bu mhithich dhomh Strasbourg fhàgail. Leig mi soraidh slàn le Mgr Hans agus le Heinrich. An dèidh ceithir bliadhna bha iad mar theaghlach dhomh, ach bha feum aig mo mhàthair orm ann an Cille DoBheanain, agus bha rùn mo chridhe anns an Eilean Sgitheanach.'

Chaidh sinn thairis air Abhainn Dè, beagan shìos oirre bhon àite far a bheil an drochaid ga togail. An dèidh na maidne soilleire a bha againn, bha am feasgar air fàs sgòthach agus bha a' ghaoth ag èirigh. Rinn sinn ar slighe tro bhaile-margaid Obar Dheathain a dh'ionnsaigh an t-seann bhaile. Choimhead grunn dhaoine air a' bhuidhinn againn ach, a rèir coltais, cha robh mòran ùidh aca annainn. Cha tàinig e a-steach orra gum b' e an rìgh aca fhèin a bha a' dol seachad. Fhad 's a bha sinn a' dol tarsainn air an fhearann eadar an dà bhaile, dh'fhairich sinn a' ghaoth gheur a bha a' tighinn far na mara. Chaidh sinn seachad air ospadal nan lobhar ach, leis an fhuachd a bha ann, cha robh duine sam bith ri fhaicinn.

Ma bha a' ghaoth fuar, b' ann blàth a bha an fhàilte aig Lùchairt an Easbaig. B' e an t-easbaig fhèin a thàinig a-mach nar coinneamh agus cha b' fhada gus an robh sinn a' mealtainn an teine lasraich. 'S e taigh mòr cofhurtail a tha anns an lùchairt, le dà thùr, cùirt-lios fhasgach agus sealladh brèagha chun na h-àird' an ear far a bheil craobhan-ubhail agus craobhan-siris a' fàs taobh a-staigh nan gàrraidhean.

'S e fear ionmholta a tha anns an Easbaig Elphinstone. Tha e ceithir fichead bliadhna 's a dhà a dh'aois ach tha e cho comasach 's a bha e a-riamh. Rinn e seirbheis don Rìgh Seumas a Trì mus robh e a' frithealadh do mo mhaighstir – thairis air na bliadhnaichean tha e air a bhith na Sheansailear na h-Alba agus na Fhear-gleidhidh an t-Seula-dhìomhair. Is esan am fear as eòlaiche ann an Alba a thaobh Lagh Reachd-eaglaise agus Lagha Shìobhalta agus chuir e seachad a' mhòr-chuid de a bheatha a' feuchainn ri riaghailt-lagha cheart chothromach a thoirt dar dùthaich. Bhon a chaidh a choisrigeadh mar Easbaig

Obar Dheathain o chionn deich bliadhna air fhichead, cha mhòr, tha e air na buadhan ceudna a thoirt don sgìre-easbaig seo, a' buachailleachd nam pearsachan-eaglaise agus a' leudachadh togalach Cathair-eaglais Naoimh Mhachair. Ach chanadh cuid gum b' ann an stèidheachadh Oilthigh Obar Dheathain a rinn e an obair a bu mhotha, leis na tha an t-oilthigh a' tabhann de dhòchas, solas agus foghlam air muinntir taobh tuath na h-Alba agus nan Eileanan Siar.

Tha an t-easbaig air innse don rìgh gu bheil fiughair mhòr aig Hector Boece, Ceannard an Oilthighe, agus aig Mgr Seumas Cuimean, Sealbhadair Cathair nan Lighichean, ri coinneachadh ris aig àm na dìnneir – bha an rìgh air a dhòigh seo a chluinntinn. Bhon a bha beagan ùine ri cur seachad ron àm sin, ge-tà, dh'fhaighnich e den easbaig am faodadh e sùil a thoirt air Colaiste an Rìgh – a' cholaiste ùr a tha a' giùlan ainm fhèin. Bha an t-easbaig airson a dhol còmhla ris gus an sealladh e fhèin gach nì do mo mhaighstir, agus mar sin thog sinn oirnn don cholaiste, ceud slat gu leth sìos an t-Sràid Àrd.

'S e togalach ceithir-cheàrnach timcheall air cùirt-lios a tha anns a' cholaiste. Tha seòmraichean ann airson foghlam agus leughadh agus bidh na h-oileanaich, seachd-deug dhiubh, agus na maighstirean a' fuireach agus a' gabhail am bìdh ann. Nuair a ràinig sinn a' cholaiste, thachair gun robh dithis oileanach anns a' chùirt-lios. Nach b' e an t-easbaig a bha moiteil nuair a chuala e an rìgh agus na h-oileanaich seo a' bruidhinn a-null 's a-nall gu siùbhlach anns an Laideann. A rèir na dh'ionnsaich mi, tha dòigh-beatha an oilthighe gu math coltach ris na bha Mgr Eanraig ag innse dhomh mu Ghlaschu ach a-mhàin gum bi clag na colaiste ga bhualadh aig ceithir uairean a h-uile madainn. Tha gleoc mòr ri fhaicinn àrd air balla deas na colaiste agus mar sin chan eil dol às ann don dorsair ach a bhith ris an uair.

'S e caibeal na colaiste an togalach as motha a ghlacas an aire. Os cionn a' ghleoc, chan eil binnean àbhaisteach ann ach obair-chlachaireachd dhrùidhteach air an robh coltas crùn an Ìmpire. Saoil an tug an t-ailtire agus na clachairean sùil air crùn

Cathair-eaglais Naoimh Ghiles ann an Dùn Èideann mus do thog iad e? Co-dhiù a thug no nach tug, is math a rinn iad. Am broinn a' chaibeil, tha tòrr ann a bhios a' toirt fianais air na fir-cheàirde sgileil a chaidh am fastadh leis an easbaig – b' e Iain Fender às na Dùthchannan Ìosal a rinn obair fhiodha sgàilean an ròid agus suidheachain na còisire. Ann an corp na h-eaglaise, tharraing an t-easbaig aire an rìgh do rudeigin eile a nochdas an ceangal a tha aige ris an eaglais Fhlandraich: a thuilleadh air na taobh-altairean coisrigte don Òigh Muire agus don Naomh Germain, tha tè coisrigte don t-Sàcramaid Bheannaichte – rud nach fhaca an rìgh a-riamh roimhe. Gu ruige seo, bha an rìgh air a bhith toilichte ann an da-rìribh leis a h-uile càil ach bha atharrachadh mòr air tighinn air a' ghnùis bhon a laigh a shùil air an dealbh-altair trì-earrannach a bha na sheasamh air an altair seo. Rinn mi gluasad na b' fhaisge air an dealbh airson gum faicinn e, air a shoillseachadh le dà choinneil mhòir.

B' e Latha a' Bhreitheanais cuspair an deilbh. Air an earrainn anns a' mheadhan, bha an Slànaighear na shuidhe gu h-àrd anns na nèamhan air beulaibh rudeigin mar abhlan ro-mhòr – an aon seòrsa abhlain a bhios na sagartan a' cur ann am *monstrantia*. Fo chasan an t-Slànaigheir, bha sluagh lìonmhor a' dòmhlachadh ri chèile – bha iad air a bhith an sàs ann an iomadh gnìomh saoghalta feòlmhor mus do dh'fhosgail an t-sìorraidheachd fan comhair. A-nis, cha robh roghainn aca ach a bhith a' stad agus a' coimhead suas air Ìosa na mhòralachd anns na nèamhan òir. Air an earrainn dheis, bha fir agus mnathan air an robh trusganan geala gan togail suas gu nèamh tron adhar ghorm le feachd ainglean. Ach b' i an earrann chlì a bha air uamhann a chur air an rìgh – bha e air a thro-lotadh leis. Air an earrainn seo, bha dealbh na h-ifrinn ri fhaicinn agus nach b' ann oillteil a bha e. Anns an leth-sholas, bha daoine ris na h-aon pheacaidhean gràineil a thruaill am beatha – geòcaireachd, sannt, ana-miann agus strìopachas. Aig an aon àm, bha deamhain air an tòir. Chan fhaca mi a leithid nam bheatha. Chuir iad grìs orm agus, gu follaiseach, bha iad a' cur gaoir tro fheòil an rìgh. Bha diabhlan dubha ann air an robh cleòcan fada, feadhainn eile a bha cruinn mar ugh le casan tiugha goirid. Nuair a ghlacadh iad fear no tè, bha iad gan cràdhadh gun tròcair, gan sàthadh le sleaghan no gam bualadh le ùird fhad 's a bha iad sìnte air inneanan. Bha deamhain eile ann a bha a' cagnadh nam peacach le am fiaclan mòra, gan slugadh agus an uair sin gan cur mar innear sìos tro phìoban salach do dh'ifrinn – àite às a bheil lasraichean agus deatach dhubh a' tighinn a-nìos.

An dèidh greis thug an t-Easbaig Elphinstone an aire gun robh an rìgh na thost agus mì-chofhurtail. Thòisich e air bruidhinn gu nàdarrach mun dealbh mar nach robh e a' gabhail cus gnothaich ri àmhghar an rìgh – 's dòcha gum b' e seo an dòigh a b' fheàrr a bhith a' briseadh an t-seuna a bha air. A rèir coltais, rinn ciùineas an easbaig a' chùis agus ann an ùine ghoirid bha sinn a' coiseachd air ais do Lùchairt an Easbaig airson biadh a ghabhail.

''S e sgoilear gu sònraichte math a th'' ann an Alasdair, am mac agaibh, a Shir.'

'S e Hector Boece a tha a' bruidhinn ris an rìgh. Is esan a dh'aithnicheadh sgoilear air leth – tha e cliùiteach air feadh an t-saoghail mar fheallsanach agus eachdraiche, agus, coltach ris an Rùnaire Paniter, tha e na charaid do dh'Erasmus. Is math a rinn an t-Easbaig Elphinstone ann a bhith ga thàladh don oilthigh ùr ann an Obar Dheathain – tha e na chomharradh air an spèis aig a' cheannard don easbaig.

'Tha thu fialaidh ann a bhith ga mholadh, a Cheannaird,' tha an rìgh a' freagairt.

'Tha e airidh air, gun teagamh. Ciamar a tha e, agus e gu bhith a' gabhail uallaichean Àrd-easbaig Chill Rìmhinn air fhèin?'

'Chan eil e buileach deiseil fhathast airson na h-àrd-inbheachd sin – uill 's dòcha gu bheil e deiseil a thaobh bhuadhan agus chomasan, ach feumaidh e a bhith seachd bliadhna air fhichead a dh'aois a rèir na reachd, mar a tha fios agad. Anns an eadar àm, tha e toilichte le Colaiste Naoimh Leonard ann an Cill Rìmhinn – stèidhich e a' cholaiste sin, le beagan taice bhuamsa, o chionn bliadhna no dhà.'

'Thàinig e a dh'Obar Dheathain corra uair gus sùil a thoirt air an iomairt againn,' tha an t-easbaig fhèin ag ràdh.

'Tha meas mòr aige oirbhse, Easbaig,' tha an rìgh a' freagairt. 'Tha fios agam gu bheil sibh air a bhith nur taic mhòr dha na obair mar Sheansailear na h-Alba. Agus tha e air a dhòigh leis an leabhar ionmholta sin, am *Breviarus Aberdonensis*. Taing do na h-oidhirpean agaibh fhèin,' tha an rìgh a' gnogadh a chinn a dh'ionnsaigh an easbaig agus a' cheannaird, 'chlò-bhuail Chepman agus Myllar e…'

'Leis an taic ghràsmhoir agaibh fhèin,' tha an t-easbaig a' cur ris.

'Bha e na thlachd dhomh an taic agam a thoirt dhuibh,' tha an rìgh a' freagairt. 'Agus tha mi a' toirt buidheachas dhuibh gu bheil na fèillean aice fhèin aig Alba a-nis – bidh sinn a' cuimhneachadh nan naomh againn fhìn seach a bhith air ar cuingealachadh ris a' *Bhreviarus Sarum* mar a bhios ar nàbaidhean gu deas, a rèir coltais.'

'B' ann làidir daingeann a bha na naoimh bho na linntean a dh'fhalbh,' tha Hector Boece ag ràdh. 'Sin na feartan a tha a dhìth air muinntir na h-Alba an-diugh. No 's dòcha gum bu chòir dhomh a bhith ag ràdh 'a dhìth air muinntir Ghallta na h-Alba'. Tha fuil nan Gàidheal làidir fhathast. Sin mo bheachd-sa agus tha mi air a chur an cèill uair no dhà roimhe seo. Ach tha mi an dùil gum bi am beachd ceudna aig an lighiche phearsanta agaibh, a Shir. 'S ann às an àird an iar a tha e fhèin.'

Tha an rìgh a' tionndadh gu Mgr Leich, 'Uill, Eanraig. A bheil thu den aon bheachd?'

'Tapadh leibhse, a Shir,' tha an lannsair a' freagairt ann an guth sèimh. 'Tha. Bhithinn ag aontachadh leis a' cheannard gu bheil dòighean nan Gàidheal eadar-dhealaichte ri dòighean nan Gall. Tha na Gàidheil anabarrach dìleas do na cinn-fheadhna aca, dìleas gu bàs. Nuair nach bi iad a' dèanamh strì gus beòshlaint a chosnadh dhaibh fhèin agus do na daoine a bhuineas dhaibh, bidh iad ag obair air an sgilean le claidheamh agus targaid. Bidh iad deiseil a dhol a chogadh aig uair sam bith air iarrtas nan ceann-feadhna aca. Mar sin dheth, tha iad làidir nan aigne agus nam bodhaig. Sin mar a bha fad ghinealach.'

Tha Mgr Cuimean a' tighinn a-steach don chòmhradh gu dealasach, 'Gabhaibh mo leisgeul, a Shir. Tha mi an dòchas gu bheil còir agam fhìn air an tiotal 'lèigh rìoghail' cuideachd. Am biodh sibh deònach èisteachd rim bharail-sa air a' chuspair seo?'

Tha an rìgh a' dèanamh comharradh dha gum faod e leantainn air.

'Tha mi eòlach air sinnsireachd Mhgr Leich agus tuigidh mi carson a bhiodh e a' moladh nan daoine aige fhèin. 'S ann bho na Normanaich a thàinig an teaghlach agamsa – cinneadh a bha gaisgeil agus làidir sa chath, mar a bha follaiseach do na Sagsainnich o chionn còig ceud bliadhna.'

'Gun teagamh, a Sheumais,' tha an rìgh a' freagairt. 'Ach bidh mòran agaibh le chèile, thu fhèin agus Eanraig. Chuir an dithis agaibh grunn bhliadhnaichean seachad anns na tìrean Gearmailteach a' leasachadh nan sgilean agaibh agus a-nis bidh sibh gan cleachdadh airson math muinntir na h-Alba. Agus nach sinne a tha taingeil dhuibh?'

''S e an fhìrinn a th' agaibh mu mo dheidhinn-sa, a Shir,' tha Mgr Cuimean ag ràdh. 'Chaidh *Magister Artium et Medicina* a bhuileachadh orm aig Oilthigh Chologne. Mar sin dheth, 's e lèigh a th' annam. Cha bhithinn a' salachadh mo làmhan le obair-lannsa idir – bhithinn a' leigeil sin leis na fir aig nach eil foghlam. 'S e fear de mo dhleastanasan as cudromaiche ann an Obar Dheathain comhairle a thoirt do na borg-fhir air ciamar a dh'fhaodadh iad a' phlàigh agus an galar Frangach a sheachnadh. Bidh fios agaibh gu bheil sinn air a bhith saor bho na galaran seo o chionn ghoirid.'

'Gu dearbh!' tha an rìgh a' freagairt. 'Ach bhiodh ùidh agam ann an smaointean Eanraig air na thuirt thu.'

Tha Mgr Eanraig a' gnogadh a chinn a dh'ionnsaigh an

rìgh gu modhail. Chan eil coltas ann gu bheil faclan dìmeasail Mhgr Cuimein air a bhuaireadh. 'Tha Mgr Cuimean ceart. Cha b' ionnan ar sinnsearan idir, ach tha spèis mhòr agam airson an fhoghlaim aige agus airson na h-obrach a tha e a' dèanamh ann an Obar Dheathain.'

'Eanraig, tha thu ro iriosal, mar as àbhaist,' tha an rìgh ag ràdh. 'B' fheàrr leat an-còmhnaidh am fear eile a chur air spiris, ach cheumnaich thu fhèin nad *Mhagister Artium* bho Oilthigh Ghlaschu.'

'A' chiad *Alma Mater* agamsa,' tha an t-easbaig ag ràdh gu socair, 'agus tha e na oilthigh air leth math.' Tha e a' toirt droch shùil air Mgr Cuimean, an dòchas gun cuir seo stad air a mhòrchuis.

'Ach a Shir,' tha Mgr Eanraig a' bruidhinn ris an rìgh gu dìreach, 'is cinnteach gun do chuir sibh fhèin gu mòr ri ceannsachadh a' ghalair Fhrangaich nuair a thug sibh taic don reachdas an aghaidh na siùrsachd ann an Dùn Èideann sa bhliadhna 1497.'

Tha an rìgh a' gabhail ri seo le tlachd fhollaisich.

'A dhaoin' uaisle,' tha Hector Boece ag ràdh, fiamh luathaireach air aodann. 'No 's dòcha gum bu chòir dhomh a bhith ag ràdh 'a lighichean urramach'. A bheil sibh eadar dà bheachd fhathast air na dòighean anns am bi galaran mar a' phlàigh gan sgaoileadh? An e *miasma* as coireach no an e làimhseachadh nan euslainteach agus an aodaich aca?'

''S e cuspair connspaideach a tha seo,' tha Mgr Cuimean a' freagairt. 'Chanainn-sa nach eil co-aontachadh ann air a' cheist, dìreach mar nach eil aontachadh ann air tùs a' ghalair sin. Nuair a nochd a' Phlàigh Mhòr ann an 1345, bha an lighiche ainmeil, Guy de Chaulliac, a' cumail a-mach gur e na reultan a bu choireach – gun tàinig Satharn, Iupatar agus Màrs còmhla air a' cheathramh latha air fhichead den Mhàrt air a' bhliadhna ud. Tha a' mhòr-chuid de lèighean a' gabhail ris a' mhìneachadh aige gus an latha an-diugh.'

''S ann a tha muinntir na Gàidhealtachd a' creidsinn,' tha Mgr

Eanraig ag ràdh, 'gur e creutair beag bìodach neo-fhaicsinneach as adhbhar do na galaran gabhaltach. 'S e 'grig' a chanas iad ris. Tha iad den bheachd gun tèid an creutair seo a sgaoileadh bho dhuine tinn gu duine fallain. Gu cumanta, thèid an 'grig' a thoirt do na h-Eileanan Siar le maraichean.'

'Poff!' tha Mgr Cuimean ag èigheach gu crosta. 'Cha bhi feum againn air na ròlaistean sin. Chanainn-sa gu bheil…'

Tha an t-easbaig a' togail a làimhe gus stad a chur air Mgr Cuimean, 'A dhaoin' uaisle! Tha mi an dòchas, leis na th' againn de dh'eòlas air mòran iongantasan, nach bi an fhìrinn a' dol às an t-sealladh. 'S e Dia fhèin a chuireas galaran air mac an duine, mar pheanas 's dòcha, ach gu h-àbhaisteach mar dhòigh air aire a threòrachadh bho nithean diombuan gu nithean sìorraidh. Bha mise a' creidsinn an-còmhnaidh gur ann leis an Tighearna a tha ceumannan duine air an òrdachadh, agus tha seo a' gabhail a-staigh an dàin agam fhìn agus an dàin aig uile fineachan an t-saoghail mhòir. A thaobh na plàighe, cò nach gabhadh ris gur e peanas uabhasach a th' ann? Ach aig an aon àm, peanas freagarrach do ar peacaidhean a bha agus a tha gràineil. Tha cuimhne shoilleir agam, fhad 's a bha a' phlàigh a' bagairt air Obar Dheathain o chionn beagan bhliadhnaichean, gun do rinn sinn ùrnaigh dhùrachdach. Tro thròcair Dhè, bha sinn air ar caomhnadh.'

Tha coltas ann gun robh faclan an easbaig air sìth a thoirt don chuideachd againn.

'A dhaoin' uaisle,' tha an rìgh ag ràdh. 'Am faod mi a chur an cèill, às mo leth-sa agus às leth na rìoghachd agam, gu bheil sinn taingeil ann an da-rìribh an dà chuid airson ùrnaighean nam fear cràbhach agus sgilean nan lighichean. Òlamaid deoch-slàinte còmhla agus bitheamaid a' toirt buidheachas dhaibh.'

Tha a h-uile duine ag òl balgam de dh'fhìon blasta an easbaig.

'Agus ma dh'fhaodas mi,' tha an t-easbaig a' freagairt, 'bu toil leam deoch-slàinte òl agus buidheachas a thoirt don rìgh againn, tabhairtear fialaidh an oilthighe seo.'

An dèidh dha balgam eile òl, tha an rìgh a' tionndadh thugam.

'Tha thu air a bhith nad thost, a Thòmais, ach tha fios agam gu bheil thu eòlach air na naoi sochairean a bhios a' tighinn thugainn mar thoradh air beagan fìona a ghabhail.'

'Chan eil mi cinnteach am bi cuimhne agam air còrr is còig sochairean, a Shir,' tha mi a' freagairt.

'Gabh air adhart, ma-thà.'

'Uill, bheir am fìon tapachd do dhuine agus bidh e ag iomadachadh a lùths; geuraichidh e an eanchainn agus neartaichidh e an inntinn; a thaobh a bhodhaig, bheir e ciùineas don stamag, cuidichidh e an innidh air cnàmh agus togaidh e am fallas.'

'Thug mi an aire do chòrr 's còig feartan an sin, a Thòmais. Bha seachd ann,' tha an t-easbaig ag ràdh, agus e ri mire.

'An do rinn mi iomradh gun toir am fìon air a' chridhe a bhith subhach agus gum bi e a' brosnachadh càirdeas?'

Tha a h-uile duine a' gàireachdainn mar thoradh air mo ghòraiche.

Tha an Rìgh a' bruidhinn ris an Amadan

'Tha mi air a bhith a' bruidhinn ris an easbaig ann an uaigneas, a Thòmais. Bha a bheachd mar a bha mi an dùil – nach dèan e càil ach cron air Alba ma thèid sinn a dhèanamh cogadh an aghaidh Shasainn. Tha e a' tuigsinn a' gheallaidh a thug mi do na Frangaich agus gur e fear onarach a tha annam ach tha e teagmhach à rìgh agus banrigh na Frainge – tha e teagmhach, nuair a thig gnothaichean gu ceann, gun toir iad fir-airm dhuinn a sheasas gualann ri gualainn còmhla rinn air blàr a' chogaidh. Chuir mi na chuimhne na rinn na Frangaich de thaic nuair a bha sinn a' togail a' *Ghreat Michael* agus longan eile – an t-òr, am fiodh-daraich agus na fir-cheàirde a chuir iad thugainn. Ghabh e ri na thuirt mi ach bha e fhathast mì-chinnteach às ar co-oghaichean Frangach. Bha aon nì ann, ge-tà, às an robh e làn-chinnteach – gum bi mi air mo iomsgaradh bho chomann nan Crìosdaidhean leis a' Phàpa cho luath 's a bheir mi a' chiad bhuille deas air Uisge Thuaidh.'

'Ach thig an latha nuair a bhios cothrom agaibh mìneachadh a thoirt don Phàpa,' tha mi ag ràdh.

'Thig gu dearbh. Ach, mar as math a tha fios agad, 's ann toinnte a tha a leithid de chùisean. Aig an àm seo, tha an Rìgh Eanraig agus am Pàpa nan co-chòmhragaichean anns a' Chaidreabh Naomh an aghaidh na Frainge. Bidh am Pàpa a' seasamh còir Eanraig. Mar sin dheth, feumaidh mi gabhail ris a' bhinn aige – 's dòcha nach mair e fada. 'S e an t-iomsgaradh am peanas as truime aig a' Phàpa. Bidh e ga chleachdadh a chum mo threòrachadh air ais chun na slighe ceirte – an t-slighe cheart na bheachd-san, co-dhiù.'

'An d' fhuair sibh barrachd fios mun dealbh a chunnaic sibh anns a' chaibeal an-diugh? Thug mi an aire gun do chuir e uamhann oirbh.'

'Fhuair. B' e maighstir Flandrach a pheant an dealbh – chan eil cuimhne agam air ainm. Chaidh a thoirt don easbaig mar thiodhlac bho sgìre-easbaig Bhruges – rinn e seirbheis dhaibh mar easbaig airson greis nuair a bha e ann air gnothaichean dioplòmasach. Feumaidh mi aideachadh nach do chòrd na creutairean eagalach sin rium. Am faodadh e a bhith fìor gum biodh a leithid de dheamhain ann?

'Tuigidh tu, a Thòmais, gun cothromaichear na rìghrean ann am meidhean a' cheartais air Latha a' Bhreitheanais cho math ris a h-uile duine eile, àrd agus ìosal. Seall dhomh am fear air nach eil eagal roimhe! Agus tha mi fhathast a' giùlan ciont a' pheacaidh-bàis àraidh sin – chan fhacas a-riamh an eidheann a lean ris a' chraoibh cho dlùth 's tha an ciont a' leantainn riumsa. Tha mi an dùil gum bi ìomhaighean nan deamhan a chunnaic mi an-diugh a' tilleadh nam aislingean a-nochd.'

'Tha mi 'n dòchas nach bi, a Shir. An robh càil aig an easbaig ri ràdh mu na trom-laighean agaibh?'

'Cha tuirt e mòran mun deidhinn ach a-mhàin gun còrdadh

e ris nam faighinn Corp agus Fuil ar Slànaigheir bho a làmhan fhèin a' chiad char sa mhadainn a-màireach. Dh'èist e rim fhaoisid. Bidh sagart ann sa chathair-eaglais aig briseadh na fàire chum faoisid duine sam bith a chluinntinn, agus cuartaichidh an t-easbaig an t-Aifreann an dèidh *Lauds*. 'S dòcha gum biodh tu fhèin agus Mgr Eanraig ag iarraidh sochairean agus beannachdan na h-Eaglaise a ghabhail.'

''S ann còir coibhneil a tha an t-easbaig, a Shir,' tha mi a' freagairt. 'Bhiodh e math deagh thoiseach tòiseachaidh a dhèanamh air an latha. Chuala mi gum bi doineann mhòr a' tighinn bhon àird an iar. 'S dòcha gum bi latha dùbhlanach romhainn.'

'Ma tha sin ceart, bu chòir dhuinn falbh gun dàil an dèidh an Aifrinn. Tha mi taingeil dhut, a Thòmais, mar a bhios mi daonnan. Oidhche mhath leat.'

Caisteal Hunndaidh
Fèill Sancti Laurentii, Martair, agus Sancti Blaani, Easbaig
(Didòmhnaich 10 an Lùnastal 1513)

AN DÈIDH *LAUDS*, chuartaich an t-Easbaig Elphinstone an t-Aifreann aig taobh-altair an Naoimh Moire ann an Cathair-eaglais Naoimh Mhachair. Bha sagart air èisteachd rim fhaoisid na bu tràithe airson gum faodainn na h-Eileamaidean Naomh a ghabhail. Mus do dh'fhàg sinn a' chathair-eaglais, sheall an t-easbaig na leasachaidhean a bha a' dol air adhart anns an eaglais do mo mhaighstir – gu h-àraidh an tùr an ear agus am binnean. Aig an aon àm bha na fir-airm a' deasachadh nan each airson ar turais.

Bhon toiseach, b' e latha mosach a bha ann. Bha a' ghaoth ag èirigh, a' tighinn bhon àird an iar-thuath, agus sgòthan dorcha a' lìonadh nan speuran. Mus robh sinn air muin eich, bha an t-uisge trom gar dalladh. B' i beachd an rìgh gum feumamaid stad aig Caisteal Hunndaidh mura leigeadh a' ghaoth fodha. Bhon a b' e an caisteal a' chiad dachaigh agam, cha robh seo a' cur orm idir. Mus robh sinn leth-mhìle air falbh à Obar Dheathain, ge-tà, thachair rudeigin a thug orm dìochuimhneachadh mun t-sìde agus mu Chaisteal Hunndaidh.

Bha an t-slighe gu tuath a' teannadh dlùth air coille-bheithe nuair a nochd fear air ar beulaibh. Bha aodann falaichte le currac na fallainge faide robaiche a bha air. Choisich e gu crùbach a' dh'ionnsaigh an fhir-airm a bha aig ceann ar buidhne, a' dèanamh gleadhraich le clapar fiodha fad na h-ùine. Thòisich each an fhir-airm ri sitrich. Bha e follaiseach gun robh an duine bochd làn de luibhre.

Dh'èigh am fear-airm ris gum feumadh e cumail air falbh agus tharraing e a chlaidheamh, ach 's dòcha gum b' ann bodhar a bha an truaghan – lean e air. Ann am priobadh na sùla, bha an rìgh a' marcachd air adhart, ag èigheach ris an fhear-airm gun a bhith a' beantainn ris an duine. Chan eil mi cinnteach an do thuig am fear lobharach gu dè a bha a' tachairt ach tharraing e air ais an currac aige. Chuir mi stad air an each agam anns a' bhad. Bha e oillteil ri amhairc air: bha aodann còmhdaichte ann an cnapan dearga, a shùilean geal mar dhà mholaig, agus cha robh air fhàgail de a shròin ach toll. Bhon a bha e tuath orm, cha b' urrainn dhomh gun a bhith a' faireachdainn an fhàilidh bhrèin a bha a' tighinn bhuaithe. Cho luath ri spàl an fhigheadair, leum an rìgh far an eich aige agus choisich e a dh'ionnsaigh an duine bhochd. Thug e bonn òir às a sporan. Shìn e a làmh ris an duine agus thug e am bonn dha. An uair sin ghabh e grèim air a làmhan, suainte ann an stiallan salach ged a bha iad, agus choimhead e gu geur air na sùilean dalla aige.

'Is mise an Rìgh Seumas, a charaid. An dèan thu ùrnaigh às leth m' anama, gach latha a bhios tu beò. Bidh ar n-Athair air nèamh, na thròcair, ag èisteachd riut.'

Ghnog an duine truagh a cheann. Tharraing e a làmhan air ais agus chuir e aodann am falach a-rithist. An uair sin thionndaidh e air a shàil agus chaidh e às an t-sealladh am measg nan craobhan.

Thug an rìgh sùil air ar buidhinn, fiamh sòlaimte air aodann. Ghrad leum e na dhìollaid gun fhacal a ràdh agus lean sinn oirnn. An dèidh greis, ach mus do chaill sinn fasgadh na coille-beithe, ghluais mi na bu dlùithe ri Mgr Eanraig agus bhruidhinn mi ris ann an guth ìosal airson nach cluinneadh an rìgh an còmhradh againn.

'A Mhgr Eanraig. Am faod mi faighneachd dhibh? Nach do chuir an rìgh e fhèin ann an cunnart a bheatha leis an lobhar a bha sin?'

'Na bi fo iomagain mu dheidhinn, a Thòmais,' fhreagair e gu sòlasach. 'Bidh an rìgh ceart gu leòr.'

'Tha mi toilichte sin a chluinntinn,' arsa mise. 'Ach bhean e ris an duine agus ghabh e am *miasma* aige a-steach le anail.'

'Ghabh gu dearbh, ach cha bhi an luibhre air duine mura bi mì-chothrom anns na lionntan aige – cus lionna dhuibh gu h-àraidh – agus tha lionntan an rìgh ann an cothrom math, nam bheachd-sa. Dh'aidichinn, ge-tà, nach eil an luibhre an-còmhnaidh furasta a tuigsinn. Chanadh cuid gum biodh tu buailteach a gabhail nam biodh i anns na daoine agad, cuid eile gur e peacadh feòlmhor as adhbhar dhi. Tha feadhainn ann, mar an t-easbaig còir, a bhios a' creidsinn gum faodadh an luibhre a bhith an dara cuid na mallachd no na beannachd bho làimh Dhè. Bidh iongnadh ort a thaobh an fhacail 'beannachd', ach tha cuid de dhaoine a' dèanamh dheth gur i comharradh roghnachadh Dhè a th' innte – gun do roghnaich Dia an lobhar airson gum biodh e no i ann an àmhghar anns a' bheatha bhàsmhoir seo agus an uair sin a' mealtainn beannachdan Lazarus anns a' bheatha shìorraidh. A chionn gun robh Dia air beantainn ris na truaghain seo, bidh na h-eadar-ghuidhean aca cumhachdach ann an da-rìribh dhaibhsan a tha a' feitheamh air stairsneach a' phurgadair no aig a bheil sùil ri peanasan fhulang ann. Sin as adhbhar air giùlan an rìgh a chunnaic sinn na bu tràithe, tha mi cinnteach.'

Thug Mgr Eanraig sùil orm, 'Bidh sinn a' bruidhinn còmhla air a' chuspair seo a-rithist.' Aig an dearbh mhòmaid sin, choimhead an rìgh air ais orm, agus mi a' dèanamh strì uair eile an aghaidh na gaoithe agus an uisge. Ghluais mi air falbh bho each Mhgr Eanraig.

Dh'fhàs an t-sìde gu bhith na bu mhiosa fhad 's a bha sinn a' dol tarsainn air a' mhonadh eadar Srath Dheathain agus Srath Bhalgaidh. Aig Cnoc an Easbaig, chuir an rìgh dithis fhear-airm air thoiseach oirnn gu Hunndaidh a dh'innse don iarla gum bu toil leinn fasgadh fhaighinn fo a chabair. Nuair a ràinig sinn am baile beag, bha sinn bog fliuch agus air ar sàrachadh leis a' ghaoith a bha a-nis a' dèanamh feadarsaich tro na seann chraobhan-faidhbhile. Bha e na fhaothachadh dhuinn a bhith a' tionndadh a dh'ionnsaigh geata mòr a' chaisteil.

Chuir stiùbhard a' chaisteil fàilte oirnn. Thuirt e rinn ged nach robh an t-iarla aig an taigh bha dùil aca ris ann an ùine ghoirid. Cha b' fhada gus an robh sinn cofhurtail air beulaibh teine mhòir agus a' gabhail brot agus aran.

Fhad 's a bha na h-eich gam biadhadh, shuidh an rìgh agus Mgr Eanraig sìos gus gèam-bùird a chluich còmhla. Tha an rìgh dèidheil air geamannan mar seo, agus air cairtean, agus air dìsnean. Nuair a thig e gu ceàrrachas, tha e soirbh a thoirt a thaobh agus thar nam bliadhnaichean tha e air mòran airgid a chall, gu sònraichte do dh'Iain Damian – 's ann os-nàdarra a tha deagh fhortan an duine sin leis na dìsnean. B' e rud math a bha ann gun robh Mgr Eanraig air bòrd-sglèata a thoirt leis airson a' gheama ris an canadh na Lochlannaich '*Hnefatafl*' a chluich – ged as fheàrr leamsa an t-ainm 'Gèam an Rìgh'. Tha an gèam seo a' còrdadh ri muinntir Innse Gall – dh'fheumadh tu a bhith sgileil agus seòlta mus buannaicheadh tu – agus 's ann airson tlachd a bhios tu a' cluich agus chan ann airson airgead.

Ach mus tigeadh crìoch air a' ghèam, nochd an stiùbhard a-rithist a dh'innse dhuinn gun robh an t-iarla air tilleadh don chaisteal. Dh'iarr e air an rìgh a thighinn don talla mhòir shuas an staidhre far am biodh e na urram don iarla fàilte a chur air gu pearsanta. Nuair a ràinig sinn an seòmar spaideil seo, a bha sgeadaichte le grèis-bhratan agus àirneis ghrinn, bha an t-iarla agus cuideachd mhòr de a luchd-dàimh a' feitheamh rinn, mnathan agus clann nam measg. Gu modhail, thug an t-iarla a leisgeulan don rìgh nach robh e aig an taigh na bu tràithe. Ghabh mo mhaighstir ri seo gu gràsmhor. An uair sin thòisich an t-iarla air an teaghlach aige a chur an aithne an rìgh.

Cha robh mi air bean no clann an iarla fhaicinn airson grunn bhliadhnaichean ged a thill mo chuimhne beag air bheag. Bha tè uasal àlainn an làthair, ge-tà, a dh'aithnich mi anns a' bhad: b' ise Janet Cheanadach, co-ogha don iarla, leannan Rìgh Sheumais airson còrr is ochd bliadhna – bha e a' tadhal oirre fhathast an dèidh dha a' Bhanrigh Mairead a phòsadh. Rug i triùir chloinne dha – Seumas, Iarla Mhoireibh, agus dithis nighean – Mairead agus Sìne. Chanainn gum biodh na nigheanan eadar deich agus còig bliadhna deug a dh'aois. Bha iongnadh air mo mhaighstir – ghlac a' Bh-Uas Cheanadach aire agus, mura robh mi air mo mhealladh, thàinig ruadh dha ghruaidh. Fhad 's a bha i a' dèanamh bèic don rìgh, bha e follaiseach do na h-uile gun robh i fhathast air leth brèagha. Biodh sin mar a bhitheadh, cha robh mòran ùine aig mo mhaighstir a bhith a' bruidhinn rithe. An dèidh greis, dh'iarr an t-iarla air na fir agus na mnathan tarraing air ais gus am biodh cothrom aige facal fhaighinn air an rìgh ann an dìomhaireachd. Nuair a chuir na mnathan an cèill am briseadh-dùil, thuirt an t-iarla gum biodh iad a' coinneachadh ris an rìgh an ceann uair a thìde airson na fèiste.

Cha robh mi buileach cinnteach an robh mo mhaighstir toilichte le sin ach ghabh e ris. Tha an t-iarla na fhear cudromach dha. Thar nam bliadhnaichean, tha e air duais a chosnadh a chuir dùbhlan air an rìgh agus air a shinnsearan – tha e air smachd a chur air Tighearnas nan Eilean. Mar chomharradh air buidheachas an rìgh, tha e an-diugh na Mhorair-ionaid a' Chrùin os cionn na cuid as motha de dh'Alba a tuath. Tha mi an dùil gun robh e air a dhòigh aire an rìgh a bhith aige airson greis. Air mo shon-sa, bha mi taingeil beagan fois fhaighinn ron chuirm. Theab an dìle mo bhàthadh an-diugh, agus a-nis tha an tùchadh orm.

Ann am blàths na talla mòire, tha trì bùird fhada ann. Tha an rìgh, an t-iarla agus a' bhan-iarla nan suidhe aig a' bhòrd àrd air beulaibh an teine, na h-aoighean eile aig na bùird air gach taobh dheth, a' dèanamh ceàrn ceart ris. Tha an t-iarla air taobh chlì an rìgh, a bhean air a thaobh dheas. 'S i Janet Cheanadach, ge-tà, a tha a' soillseachadh an t-seòmair, mar rionnag an fheasgair – leis na dualan dubha fon churrac gheal aice agus an gùn uaine sìoda a tha oirre tha i na dearbh shamhla air Bheunas. Bhon a tha i na suidhe aig a' bhòrd fhada air taobh clì an rìgh, tha e doirbh dha gun a bhith a' coimhead oirre nuair a thionndaidheas e a bhruidhinn ris an iarla. Tha sin follaiseach dhomh leis gu bheil mi nam sheasamh air cùlaibh an rìgh, deiseil air seirbheis a thoirt don chuideachd a rèir a thoil. Tha biadh blasta ri fhaicinn air na bùird – tha feòil agus iasg de gach seòrsa ann agus fìon am pailteas. A dh'aindeoin sin, tha mi cinnteach gum bi an rìgh measarra. Cha bhi e ag òl ach beagan fìona, agus e a' cumail ri comhairle Mhgr Eanraig.

Aig deireadh na dìnneir, tha an t-iarla ag èirigh air a chasan. 'A Shir, a mhnathan agus a dhaoin' uaisle. Tha e air a bhith na urram mòr mòr dhomh fàilte a chur air an rìgh an-diugh, gu h-àraidh on a thàinig e thugainn mar an sneachda gun dùil ris – agus tha fios aca mun t-sneachda anns an sgìre seo! Tha sinn air biadh math a ghabhail còmhla agus a-nis bidh ceòl againn mus tig an seanchaidh Gàidhealach a dh'innse sgeulachd no dhà dhuinn. Ach an toiseach, càit' a bheil Raibeart leis a' chruit aige?'

'S e Raibeart amadan an iarla – is fhada bho bha mi eòlach air. Tha e na fhear-ciùil math agus tha a ghuth mar ghuth aingeil. Tha e a' nochdadh, duine tiugh ruiteach, le cruit agus le stòl trì-chasach. Tha e a' leigeil air gu bheil an stòl beag cho trom 's cha mhòr gun gabh e thogail – tha a h-uile duine a' gàireachdainn ris. Mu dheireadh thall, agus an stòl na àite, tha e a' lùbadh a ghlùine gu modhail air beulaibh an rìgh. Tha gach fear agus tè ag èisteachd ris le iongnadh fhad 's a tha e a' taisbeanadh a sgilean le bhith a' cluich an *Ricercar* VIII a sgrìobh Vincenzo Capirola. Bidh seo a' còrdadh ris an rìgh, gun teagamh.

Aig deireadh a' phìos, tha mo mhaighstir ga mholadh gu dùrachdach. Tha e a' tionndadh thugam, 'A Thòmais! Nach gabh thu òran còmhla ri Raibeart?'

'Tha mi duilich, a Shir, ach tha an tùchadh orm. Chuala mi gum bi an eala a' seinn mus bàsaich i – 's dòcha gum b' fheàirrde mi nam faighinn bàs mus seinninn.'

'Chan eil thu cho dona ri sin!' tha an rìgh ag ràdh, a' gàireachdainn. 'Gabh air adhart!'

'S fhada bhon a sheinn mi còmhla ri Raibeart ach tha

cuimhne aig an dithis againn air an òran O *mia cieca e dura sorte* a ghabh sinn anns na bliadhnaichean a chaidh seachad – òran mu ghaol agus briseadh-cridhe mar as àbhaist. Tha an luchd-èisteachd air an dòigh leis.

Tha an t-iarla air a chasan a-rithist, 'Taing mhòr do Thòmas agus do Raibeart. Ach a-nis, tha aoigh againn a tha na shrainnsear anns a' cheàrn seo – Calum Iain MacLeòid, an seanchaidh ainmeil à Glinn Eilge.'

Tha aire nan uile air an t-seann duine seo fhad 's a tha e a' coiseachd gu meadhan an t-seòmair. Tha e àrd caol agus tha ceann liath air. Ged a tha e a' leigeil a chudroim air bàrr a' bhata, tha e a' cromadh air aon ghlùin ris an rìgh gu sùbailte, cho math ri fear sam bith eile. Tha a shùilean air an rìgh fhad 's a tha sinn a' gabhail a-steach aodainn phreasaich agus an aodaich a tha air – lèine fhada bhuidhe agus fèileadh mòr. Ged a tha e nas sine buileach na Mgr Eanraig, tha e a' tighinn a-steach orm gu bheil suaip eatarra – mar gun robh an aon sinn-sinn-seanair aca.

Chan fhaca mi e a' toirt sùil air Mgr Eanraig ach, leis na ciad fhaclan aige, tha an seanchaidh ga dhèanamh follaiseach gu bheil e mothachail gu bheil e an làthair.

'Tha mi faicinn gu bheil fear ann sa chuideachd againn a-nochd a tha na lighiche, dìreach mar a bha na sinnsearan aige. Ach saoil a bheil fios aige ciamar a fhuair a shinnsearan an t-eòlas thar chomais aca, an t-eòlas air leigheas de gach gnè 's seòrs'?'

Tha an rìgh a' dèanamh comharradh ri Mgr Eanraig gum faod e freagairt a thoirt don t-seanchaidh.

'Tha mi a' creidsinn,' tha Mgr Eanraig ag ràdh le gàire, 'gun tug mo shinnsearan an t-eòlas-leighis aca bho Èirinn gu Alba, an aon eòlas a bh' aca o chionn linntean fada fichead.'

'Chuala mi 'n dearbh rud uaireigin ach 's i an sgeulachd cheart a th' agam.' Tha sàmhchair mhòr anns an t-seòmar. Tha an seanchaidh na sheasamh gu dìreach, a làmhan fhathast air bàrr a' bhata aige.

'Uair dha robh an saoghal, bha buachaill' òg fuireach ann an Cataibh. 'S e Fearchar a bh' ac' air, gille tapaidh onarach – cho onarach ri seachd glasan. Thàinig 'n latha nuair bha e aig ìre 's gun rachadh e còmhl' ri fir na sgìre chun na margaid' mu dheas a chreic chruidh. Mar athair is seanair roimhe, gheàrr e bata dha fhèin bhon choille dharaich mus do dh'fhalbh e.

'Choisich na fir thar bheann is ghleann is ghlacannan agus, taobh staigh seachdain, ràinig iad a' mhargaid. Agus nach saoghal neònach a bh' ann do dh'Fhearchar leis na bh' ann de bhùithtean agus de thogalaichean... agus de dhaoine. Ach, 'n dèidh greis, bha Fearchar air aire fir a tharraing air fhèin, fear a bha cuideachd na shrainnsear sa bhaile, fear bho fhada mu dheas. Agus bha sùilean an fhir air Fearchar.

'Air an treas latha bha Fearchar sa bhaile, thàinig am fear a bhruidhinn ris. Bha blas Gallta air a chainnt. 'Madainn mhath, a charaid òig. Thug mi 'n aire don bhata dharaich a th' agad. Nach e tha làidir grinn?'

'Bha Fearchar air a dhòigh le faclan an fhir ged a ghabh e iongnadh air choltas – bha e beag; bha aodann ciar; agus bha feusag fhada liath air – cho fad' ri crann soithich. Bha tè de na sùilean aig' a' leum an siud 's an seo mar luch, an tèile gun ghluasad idir ach glaiste air aodann Fhearchair.

"Am bu toil leibh gun toirinn am bata dhuibh?" dh'fhaighnich Fearchar dheth gu modhail. 'S e gille modhail a bh' ann – mar a bha na gillean à Cataibh sna làithean ud.

"Cha bu toil idir,' ars an srainnsear le fiamh a' ghàire, 'ach bu toil leam làn an dùirn dhuircean bhith agam, duircean a thuit far na craoibhe den do gheàrr thu am bata. Nan toireadh tu dhomh iad, bheirinn bonn òir dhut, bonn de dh'òr fìorghlan.'

''S ann a dh'aontaich Fearchar do dh'iarrtas an fhir choimhich ged chuir e tro-chèile buileach e. Air 'n làrna-mhàireach, thog e air ais a Chataibh le chompanaich. San fhoghar ud, thog e làn an dùirn dhuircean a thuit far na craoibhe den do gheàrr e am bat' agus chuir e 'ad gu cùramach ann am poca. Thaisg e 'ad anns a' phreas gus am biodh e coinneachadh ris an t-srainnsear rithist – agus rinn e sin, às dèidh latha is bliadhna, sa mhargaid mu dheas.

"Is math a rinn thu, a charaid òig,' thuirt am fear coimheach agus thug e bonn òir, bonn de dh'òr fìorghlan, do dh'Fhearchar. Dh'amhairc Fearchar air a' bhonn òir – cha robh e creidsinn a dhà shùil.

"Tha iarrtas eile agam dhut,' ars an srainnsear. 'An gearradh tu bata dhòmhsa den aon chraoibh den do gheàrr thu am bat' agad fhèin? Nan dèanadh tu sin dhomh, bheirinn làn an dùirn de bhuinn òir dhut, buinn de dh'òr fìorghlan.'

"S ann a dh'aontaich Fearchar do dh'iarrtas an fhir choimhich ged chuir e tro-chèile buileach e. Air 'n làrna-mhàireach, thog e air ais a Chataibh le chompanaich. San fhoghar ud gheàrr e bata den chraoibh-dharaich den do gheàrr e am bat' aige fhèin. Thaisg e gu cùramach e anns a' phreas gus am biodh e coinneachadh ris an t-srainnsear rithist – agus rinn e sin, às dèidh latha is bliadhna, sa mhargaid mu dheas.

"Is math a rinn thu, a charaid òig,' thuirt am fear coimheach agus thug e làn an dùirn de bhuinn òir do dh'Fhearchar, buinn de dh'òr fìorghlan. Dh'amhairc Fearchar air na buinn òir – cha robh e creidsinn a dhà shùil.

"Tha iarrtas eile agam dhut,' ars an srainnsear. 'Iarrtas nas dùbhlanaiche, ach tha mi cinnteach gun dèan thu a' chùis air. Feumaidh tu tilleadh air ais don chraoibh-dharaich cheudna sin. Aig bun na craoibhe, chì thu toll mu mheud d' òrdaige. Nam feitheadh tu ri taobh an tuill aig rosgan na maidne, chitheadh tu nathraichean a' falbh às an nead aca, fo fhreumhan na craoibhe. Leig leis a' chiad sia dhiubh falbh ach gabh grèim air an t-seachdamh tè agus cuir i anns a' bhasgaid a bheir mi dhut. Nan dèanadh tu seo dhomh, bheirinn dhut poca mòr, làn de bhuinn òir, buinn de dh'òr fìorghlan.'

"S ann a dh'aontaich Fearchar do dh'iarrtas an fhir choimhich ged chuir e tro-chèile buileach e. Air 'n làrna-mhàireach, thog e air ais a Chataibh le chompanaich. San fhoghar ud, dh'èirich e mus do bhlais an t-eun an t-uisge agus chaidh e don chraoibh-dharaich aig rosgan na maidne. Chunnaic e an toll mu mheud òrdaige. Thòisich nathraichean ri falbh às an toll. Dh'àireamh

Fearchar gu faiceallach 'ad. Thàinig sia nathraichean donn' às an toll agus leig e leoth' falbh. Chuir e beul na basgaide fon toll agus ghlac e an t-seachdamh nathair innt'. Eucoltach ris a' chiad sia nathraichean, bha dath geal air 'n t-seachdamh tè. Thug Fearchar 'n nathair dhachaigh leis agus choimhead e às a dèidh gu cùramach gus am biodh e coinneachadh ris an t-srainnsear rithist – agus rinn e sin, às dèidh latha is bliadhna, sa mhargaid mu dheas.

'Is math a rinn thu, a charaid òig,' thuirt am fear coimheach. 'Feumaidh mi falbh ach tillidh mi ann an greis le poca mòr làn de bhuinn òir dhut. Fhad 's a bhios mi air falbh, bruich 'n nathair ann am poit dhomh.' Thug e Fearchar do thaigh far 'n robh poit mhòr air slabhraidh os cionn 'n teine. 'Bruich 'n nathair san uisge seo,' ars esan, 'ach thoir an aire gun cùm thu an ceann air a' phoit. Dèan cinnteach nach tig càil às a' phoit gus an till mi leis 'n òr.'

'Rinn Fearchar mar dh'iarradh air ach bha e fo bhròn 'n nathair a mharbhadh: 's e gille còir a bh' ann, cho còir ris 'n fhaoileig, agus bha e air fàs bàidheil don nathair. Co-dhiù, cha b' fhad' gus an robh 'n t-uisge a' goil agus 'n nathair taobh staigh na poite. An uair sin thug Fearchar 'n aire nach robh 'm mullach-poite buileach ceart agus gun robh a' cheò tighinn mach. Ghluais e e gus a chur ceart. Ach nach tàinig steall uisge ghoilich mach agus sgàld e sgealbag a làimh dheis? Gun 'n dara smaoin a thoirt air, dh'imlich e 'n sgealbag. Gu h-obann, thàinig e steach air gun robh a cheann cur thairis le eòlas air iomadh cuspair.

'Ann am priobadh na sùla, thill 'm fear coimheach le poca mòr, loma-làn bhonn òir, buinn de dh'òr fìorghlan. Thog e mullach na poite agus leig e le boinne uisge tuiteam dheth air a làimh. Dh'imlich e e. Sa bhad, nochd briseadh-dùil air aodann. 'Chan eil e ann,' ars esan. ''S ann a ghoid cuideigin smior na nathrach!' Choimhead e air Fearchar gu geur. 'Is tus' a rinn e,' ars esan.

'Thug Fearchar ceum air ais. Bha e air a bhualadh balbh. Thog an srainnsear 'n nathair às a' phoit. Bha e fiadhaich. Thilg e 'n nathair air Fearchar. 'Ma dh'òl thu 'n sùgh,' dh'èigh e, 'ith 'n fheòil!' Cha do ghabh 'm fear coimheach ri leisgeul Fhearchair agus cha d' fhuair Fearchar am poca làn de bhuinn òir. Ach fhuair e rudeigin na b' fheàrr na an t-òr fìorghlan – fhuair e eòlas air gach tinneas agus galar a shàraicheas mac 'n duine agus air na luibhean a leigheas 'ad. Seo mar a fhuair an sinnsear agad, Fearchar MacBheatha, na sgilean leighis aige.'

Tha a h-uile duine anns an talla air an dòigh leis an sgeulachd seo agus tha mi toilichte fhaicinn gu bheil an rìgh a' gabhail air a shocair. Cha b' urrainn dhomh, ge-tà, gun a bhith a' mothachadh gun robh sùilean Janet Cheanadaich suidhichte air aodann mo mhaighstir seach air an t-seanchaidh fhad 's a bha e a' bruidhinn.

'Le 'r cead,' tha an seann duine ag ràdh, 'bu toil leam sgeulachd eile innse dhuibh. Tha mi 'n dòchas gun còrd e ribh.'

Tha e a' leigeil a chudroim air bàrr a' bhata a-rithist, a shùilean air an rìgh.

'Latha bha seo, bha uachdaran ann an Glinn Eilg, Iain mac Dhòmhnaill 'ic Iain, agus e na dhuine ciùin solta – cho solt' ris an uan. Bha e an dlùth dhàimh ri MacLeòid Dhùn Bheagain.

'Phòs e 'n leannan aige – 's e Mairead a bh' oirre, tè de shliochd Chinn t-Sàile. Agus nach ise bha àlainn – na sùilean donn aic' agus am falt dubh a bh' oirre. Aig deireadh na bliadhna bha naidheachd mhath ann – bha Mairead 'n dùil ri leanabh. Ach cha do mhair 'n toileachas idir. Chaochail Mairead agus 'n leanabh, nighean bhrèagha, mus do chuir i crìoch air a saothair. Buille throm. Bha bròn Iain thar smaoin. Dh'fhàs e gu bhith caran dùinte na nàdar ged a bha e cho còir coibhneil 's a bha e riamh. Bha gràdh aig na searbhantan aig' air am maighstir agus choisinn e spèis muinntir Ghlinn Eilg – bheireadh e taic gu fialaidh do dhuine sam bith a bha feumach agus dh'obraicheadh e air 'n fhearann bho mhoch gu dubh. Bha daoine den bheachd gur ann le obair gun stad a bha e dèiligeadh ris a' chuimhne chràidhtich. Chaidh na bliadhnaichean seachad. Thàinig 'n aois agus 'n ceann liath air.

'Ach cha robh tràigh ann riamh gun mhuir-làn às a dèidh. Thàinig latha san do chuir Iain iongnadh air a stiùbhard. Thuirt e ris gu' robh e a' dol air taistealachd gu Cathair-eaglaise Chill Rìmhinn 'm Fìobha. Bha e airson cnàmhan nan naomh fhaicinn agus airgead a thoirt do na sagartan a chum 's gum biodh iad a' dèanamh ùrnaigh às leth anam a mhnà.

'Dh'fhalbh e air latha brèagha aig deireadh 'n earraich às dèidh dha 'n coirce 's 'n t-eòrn' a chur agus cha robh guth air gus an do thill e aig toiseach ciad mhìos an fhoghair. Bha na searbhantan aig' air 'n dòigh fhaicinn ach, aig an aon àm, bha iad air am bualadh balbh le iongantas. Bha companach aige nach fhacas roimhe – bean ùr, tè air an robh falt dualach bàn. Bha i cho caol ri fearsaid agus cho bòidheach ri sòbhrach bhuidhe a' ghlinne.

'Mar a chaidh 'n geamhradh seachad, bha coltas ann gun robh blàths agus subhachas air tilleadh don taigh. Bha Iain agus Raonaid – sin an t-ainm a bh' oirre – toilichte còmhl' ri chèile. Chan e gun robh na searbhantan buileach cinnteach ma deidhinn. Bha 'n cànan ac' aicese air a teanga ach bha blas coimheach air. Agus bha i caran fad às. Uill, sin mar a bhios na daoine à Fìobha.'

Tha e a' gabhail analach fhad 's a tha an luchd-èisteachd ri gàireachdainn.

'Ach, san earrach, thàinig latha nuair a bh' aig Iain ri dhol don Eilean Sgitheanach a chuideachadh a bhràthar fad beagan sheachdainean. Thill e dhachaigh ann an treas mìos 'n earraich ann 'n ciaradh 'n fheasgair. Bha 'n stiùbhard dìleas aige, am fear a b' fhaide a rinn seirbheis dha, ga fheitheamh san dubhar.

"A Mhaighstir,' ars 'n stiùbhard, 'tha mi fo iomagain mun bhana-mhaighstir. Fhad 's a bha sibh air falbh on taigh, bha fear òg bhon àird an ear tadhal orra. Cha robh 'm fear òg a' fuireach aig 'n taigh ach chan eil fhios againn càit' 'n deach e. Tha a' bhana-mhaighstir air tòrr ùine chur seachad san t-seòmar far a bheil ciste mhòr ur màthar. Tha mi duilich, a Mhaighstir, ach tha mi 'n amharas gu bheil cuideigin aic' air fhalach sa chiste.'

'Chaidh Iain don t-seòmar far an robh a' chiste. Bha a' bhean òg na suidhe an sin, ri gul. Dh'innis e dhi na thuirt an stiùbhard ris. Bha a chridhe làn gaoil oirre.

'Dh'amhairc i air gu dùrachdach le a sùilean gorma, 'Nach eil thu 'g earbsadh asam?' dh'fhaighnich i dheth.

"Tha. Tha mi 'g earbsadh asad,' ars esan. 'Ach a bheil iuchair na ciste agad?'

"Tha,' ars ise. 'Ach tha 'n stiùbhard air do chur nam aghaidh. Tha e air a bhith gam cheasnachadh gun stad mun chiste. B' fheàrr leam gun a bhith ga fhaicinn tuilleadh.'

"A bheil a' chiste glaist' an-dràst',' dh'fhaighnich esan.

"Tha,' fhreagair ise.

"A bheil rud sam bith agad r' innse dhomh?' ars esan.

'Chrath i a ceann gun fhacal a ràdh.

"Thoir dhomh an iuchair m' eudail,' ars esan, 'agus bruidhnidh mi ris an stiùbhard.'

'Thug Raonaid dha 'n iuchair agus chuir e na sporan i. Bhean e r' a gualainn gu socair. Bha a chridhe làn gaoil oirre.

'Chaidh e mach do na h-achaidhean a mheòrachadh air na smaointean aige fhèin airson greis. An uair sin thill e don taigh. Leis na deòir na shùilean, chuir e air falbh 'n stiùbhard dìleas aige le each 's poca airgid. Ghairm e air ceathrar de na fir òga san taigh aig' 's dh'iarr e orra toll mòr a chladhach air a' chladach, fon tiùrr, sia troighean a dh'fhaid agus sia troighean a dhoimhneachd.

'Bha gealach a' cnàmh 'g èirigh do na speuran fhad 's a bha iad cur na ciste san toll agus a' ghaineamh air ais air a mullach.

'Cha do rinn iad iomradh air a' chiste tuilleadh.'

Tha gach fear agus tè san t-seòmar nan tost fhad 's a tha brìgh na sgeulachd a' drùdhadh a-steach orra. An uair sin tha na fir air an casan a' bualadh am bas, na boireannaich air mhire. Tha fiamh a' ghàire air aodann an t-seann Ghàidheil.

'Dh'fheumadh sibh sgeulachd eile innse dhuinn, a charaid,' tha an t-iarla ag ràdh.

'Sin a nì mi,' tha an seanchaidh a' freagairt. 'Tha sgeul agam dhuibh, sgeul a dh'innsear ann an Uibhist a Tuath.

'Bha ceann-feadhna ann de shliochd Chloinn Dòmhnaill. 'S e Dòmhnall Hearach a bh' ac' air, fear mar ghealach am measg nan reul leis cho calm' 's a bha e 's cho làidir na bhodhaig – cho làidir ri Cù-Chulainn fhèin. Bheireadh e bàrr air fear sam bith eile ann an ruith agus ann 'n leum. Cha tigeadh duine eile 'n uisge a stiùirich. Ach bha farmad aig 'n luchd-dàimh air na feartan bh' aige 's chuir iad romhpa gum marbhadh 'ad e. Bha fhios ac' nach dèanadh iad a' chùis air san achadh fhosgailte. Mar sin dheth, dh'iarr iad air fear, Pòl mar ainm, an cuideachadh – agus 's e dearg shlaightear a bh' anns an duine sin, a chridhe cho dubh ris an t-sùith. Seo mar a mhurt 'ad e. Chuir iad lùth-chleas air dòigh aig Caisteal Scolpaig a dhearbhadh, ma b' fhìor, na comasan aig Dòmhnall. Bha aig' ri ruith 's leum a ghabhail tro uinneig àird 'n t-sabhail. Cha robh duine ann ach Dòmhnall fhèin a dhèanadh e. Nuair a rinn, bha Pòl feitheamh ris taobh staigh na h-uinneige le iall leathair air a lùbadh mar ribe agus thachd e e.

'Thàinig bean Dhòmhnaill a dh'fhaicinn dè thachair. Thuig i sa bhad. Bha eagal a beatha oirre, gu h-àraidh on a bha i trom. Theich i gun dàil don Eilean Sgitheanach, do na daoine aice fhèin. Sin far a do rug i leanabh, mac tapaidh, Aonghas Fionn.

'Chuala luchd-dàimh Dhòmhnaill Hearaich ann an Uibhist mu bhreith an leanaibh ach bha iad coma co-dhiù. Cha robh aithreachas sam bith orra air na rinn iad. Chuir iad fàilt' air a' mhurtair nan dachaighean fhèin agus 's e Pòl an Èill a bh' ac' air.

'Ach cha robh Pòl fhèin aig fois. Bha e mothachail gun robh e 'g ithe arain gu a shàth bho thoradh achaidhean 'n fhir a mhurt e. Bhiodh e na chaithris air 'n oidhche, faicinn thaibhsean no air a bhuaireadh le droch aislingean.

'San aon aimsir, bha Aonghas Fionn a' fàs gu bhith na dhuine àrd calma làidir mar a bha athair roimhe. Bha bogha agus saighdean aige, bogha nach tarraingeadh fear sam bith ach e fhèin. Agus nach esan a dh'amais air a' chomharradh – gach turas, gun mhearachd idir.

'Bha latha samhraidh ann nuair a bha Pòl 'g obair air mullach taighe, càradh 'n tughaidh. Thug e sùil air fàire mu thuath. Chunnaic e fear òg. Bha rudeigin mun fhear òg ud, mun choischeum leumnach aig' a chuir fear eile na chuimhne bho na bliadhnaichean a chaidh seachad.

"Cò an àird' às an do shèid a' ghaoth a-raoir?' dh'fhaighnich e de chompanach.

"Gaoth an ear-thuath bh' ann, bho bheanntan 'n Eilein Sgitheanaich,' fhreagair e.

"Tha Aonghas Fionn air mo thòir,' arsa Pòl.

'Nis, bha eaglais ann leth-mhìle air falbh agus bha fhios aig Pòl nam faigheadh e bàrr a chorraig ann an toll-iuchrach na h-eaglaise gum biodh e fo dhìon an ionaid naoimh. Thog e air na dheann dh'ionnsaigh na h-eaglaise ach 's e Aonghas Fionn bu luaithe. Chuir e saighead anns a' bhogh' aige. Ghabh e deagh chuimse agus leig e air falbh an t-saighead. Bhuail an t-saighead Pòl. Shàth i bonn a choise fhad 's a bha e dol tarsainn uillt faisg air an eaglais. Thuit e an comhair a chùil san allt ann an cràdh uabhasach.

'Ann am priobadh na sùla, bha làmh Aonghais Fhionn air gualainn Phòil. Ghuidh an slaightear air 'n fhear òg gun caomhnadh e e. Ach cò nochd 'n uair sin aig an eaglais ach Goll Goulair air threòrachadh leis 'n nighinn aige – 's ann dall a bha e bhon an latha sin san do chuir Pòl mach a shùilean ann an tuasaid. Cha robh rathad às nis. Mhùch Goll Goulair beatha Phòil le làmhan fhèin.

'Fàgaidh mi 'n sin e. Is geàrr caithream nan aingidh, nach e? Is glic 'n duine nach cuir a làmh do dhroch-bheairtean. Ma chuireas, bidh e na uallach air 'son a' chòrr de bheatha. Bidh e an-còmhnaidh toirt sùil thairis air a ghualainn agus faighneachd cò an àird às a shèideas a' ghaoth.'

Uair eile, tha an talla mòr làn ghuthan a' moladh an t-seanchaidh. Ach chan eil an rìgh a' coimhead cofhurtail. Ma bha an seann duine an dùil gum biodh an sgeulachd dheireannach aige a' còrdadh ris an rìgh, cha do rinn e roghainn mhath idir.

Tha coltas ann gum bi a' chuirm a' tighinn gu crìch a-nis ach tha mi an dùil gum bi an rìgh agus an t-iarla a' leantainn orra le an còmhradh ri taobh an teine airson greis.

Bha mi an dòchas gum bithinn a' cluinntinn bhon rìgh ach cha tàinig facal bhuaithe. Mar sin dheth, tha cothrom agam bruidhinn ri Mgr Eanraig mun fhear lobharach a chunnaic sinn anns a' mhadainn. Chan eil duine sam bith faisg air làimh a dhèanadh farchluais oirnn.

'Nach innis sibh dhomh, a Mhgr Eanraig, mas e ur toil e, carson a tha sibh cho misneachail mu shlàinte an rìgh an dèidh na thachair na bu tràithe an-diugh?'

'Bidh mi toilichte sin a dhèanamh, a charaid. Mar a bha mi a' mìneachadh dhut air an t-slighe, tha beachdan eadar-dhealaichte ann mun luibhre, ach bhiodh a' mhòr-chuid de lighichean ag aontachadh gur iadsan aig a bheil cus lionna dhuibh nam bodhaig a bhios buailteach ris an galar a ghabhail.

'Nuair a bha mi ag ionnsachadh feallsanachd nàdair aig an oilthigh, chuala mi mu na ceithir eileamaidean – an ùir, an èadhar, an teine agus an t-uisge. 'S ann leis na h-eileamaidean seo a chruthaich Dia a h-uile nì a th' ann, air thalamh agus air nèamh – agus tha sin a' gabhail a-staigh gach fear againn. Fo bhuaidh nan reul aig àm ar breith, thèid na h-eileamaidean a mheasgachadh annainn chum na ceithir lionntan a dhèanamh – fuil, lionn-chuirp, lionn buidhe, sin an domblas, agus lionn dubh. Bhiodh e math nam biodh na lionntan seo air an cothromachadh gu coileanta ach, leis an fhìrinn innse, chan eil duine air thalamh aig a bheil foirfeachd annta. Biodh sin mar a bhitheadh, b' urrainn do dhuine sam bith a thighinn faisg air foirfeachd nam biodh e a' gabhail a' bhìdh cheirt agus ga ghabhail gu measarra. Bidh an rìgh a' leantainn na comhairle agamsa air a' bhiadh a dh'itheas e, agus mar sin tha mi cinnteach gum meal e deagh shlàinte.'

'Tha mi toilichte sin a chluinntinn, a Mhgr Eanraig. Ach

carson nach biodh lionntan an rìgh ann an cothrom math bho thùs?'

''S ann bho Hippocrates, ris an canar 'athair leighis', a tha an t-eòlas air na lionntan a' tighinn. Bha esan beò fada fada ro linn Chrìosda ged a tha na beachd-smaointean aige a' freagairt gu ìre mhòir ris na tha an Eaglais a' creidsinn. Bha lionntan Àdhaimh agus Eubha ann an cothrom foirfe gus an do pheacaich iad le bhith ag ithe an ubhail a bha a' fàs air Craoibh na Beatha. Nuair a chaidh am fuadachadh bho Ghàrradh Edein, chaill iad cothrom foirfe nan lionntan agus cha d' fhuaras a-rithist e le an sliochd, ach a-mhàin le ar Slànaighear, Ìosa fhèin.'

'Nuair a rinn sibh iomradh air a' Mheas Thoirmisgte an-dràsta, a Mhaighstir, chaidh mo smaointean a bheachdachadh air cuideigin a tha nas fhaisge air làimh.'

'Saoil an ann air Janet Cheanadach a bha thu a' beachdachadh?' tha e a' faighneachd ann an guth ìosal.

Chan eil feum air facal a bharrachd a ràdh.

Lùchairt Spiothain
Fèill Sancti Tiburtii, Martair
(Diluain 11 an Lùnastal 1513)

BHA SINN AIR ùine a chall mar thoradh air an droch shìde. Mar sin dheth, thog sinn oirnn anns a' chamhanaich air an t-slighe gu Lùchairt Spiothain, ceithir mìle tuath air Eilginn. Bha a' ghaoth air leigeil fodha agus cha robh ann ach frasan an coimeas ris na tuiltean a bhog sinn an-dè.

Mus do dh'fhalbh sinn à Caisteal Hunndaidh, chunnaic mi Mgr Eanraig a' bruidhinn ri fear crùbach nach fhaca mi riamh roimhe. Bha cas sheargte aig an duine bhochd, coltach ri mo chois fhìn, agus bha aodach luideach air. Theagamh gun robh e air tighinn don chaisteal feuch am biodh biadh sam bith air fhàgail an dèidh na cuirme a bha ann a-raoir. Nuair a thàinig an còmhradh aca gu crìch, chunnaic mi ban-òglach a' tighinn à cidsin a' chaisteil agus a' toirt rudeigin paisgte ann an anart dha. A dh'aindeoin cho truagh 's a bha an duine, dh'aithnich mi gum b' ise an nighean aige.

Nuair a stad sinn aig an taigh-seinnse ann am Fachabair, ghabh mi an cothrom bruidhinn ri Mgr Eanraig ma dheidhinn.

'Tha thu ceart, a Thòmais. Tha nighean an fhir ud ag obair anns a' chaisteal agus tha cead aice beagan bìdh a thoirt dha. Is esan a tha fortanach a bhith beò. Cha mhòr nach deach a chas dheas a ghearradh dheth le claidheamh mòr ann an arrabhaig faisg air Inbhir Nis. Cheangail lighiche Iarla Hunndaidh an lot agus is math a rinn e. Shàbhail e beatha an duine ach, mar a chunnaic thu, tha a chas lag. Chan eil e comasach dha ach beagan obrach a dhèanamh.'

'Beum uabhasach!'

'B' e. Ach dh'fhaodadh e a bhith gun robh buille na bu mhiosa buileach a' tighinn na dhèidh. Chan eil cuimhne aige ciamar a sheachain e an *coup de grâce* – buille claidheimh don cheann, gu h-àbhaisteach. Bidh e nas fhasa don lannsair dèiligeadh ri cas no gàirdean a thèid a lotadh na ri ceann, no broilleach, no brù. Ach is fheàrr lot le claidheamh na lot le gunna.'

'Tha cuimhne agam air uair a thug mi comhairle don rìgh nach bu chòir dha a bhith a' tarraing a' chlaidheimh aige, leis na cunnartan a bhiodh ann. Chuir mi diomb air an Rùnaire Paniter. Nach bi mòran dhaoine a' faighinn bàs mar thoradh air lot le claidheamh?'

'Bithidh, ach nì peilear luaidhe bho ghunna sgrios nas miosa agus nas fharsainge na lann, agus bheir e fùdar-gunna a-steach don lot. Bidh a' chuid as motha de lannsairean den bheachd gur e puinnsean a th' ann am fùdar-gunna. Bha am fear a chunnaic thu fortanach gum b' ann glan an lot a fhuair e agus gun deach a cheangal suas mus do chaill e cus fala. Is math cuideachd gun robh e òg làidir nuair a chaidh a leòn.'

'An fhuil a chaill e, an tàinig e à cuislean na coise?'

'Thàinig. Bidh an fhuil a' tighinn a-mach às na cuislean mòra. Rinn Galen, lighiche Greugach a lean ann an ceumannan Hippocrates, iomradh air mar a bhios fuil air a cruthachadh anns a' ghrùthan. Bhon ghrùthan, bidh an fhuil a' sruthadh do gach ball den bhodhaig chum a bheathachadh – gach ball ach an eanchainn. Bidh beagan fala a' dol tro bheàrn anns a' chridhe a mheasgachadh leis an èadhar bho na sgamhain – 's e *pneuma* an t-ainm a th' air an fhuil àraidh seo, an spiorad beathail a bhios a' dol suas don eanchainn. Chaidh am fear a chunnaic thu ann an neul an dèidh na chaill e de dh'fhuil ach tha cuimhne aige fhathast air an lèigh-losgadh a chleachd an lannsair air – bha fàileadh toiteach dheth.'

'Tha sin mì-chàilear.'

'Tha gu dearbh, ach bidh an lèigh-losgadh a' còrdadh ris a' mhòr-chuid de lannsairean mar dhòigh gus casg a chur air sileadh-fala. Le bhith ag ràdh sin, bu tearc a chunnaic mi Mgr von Gersdorff ga chleachdadh. B' fheàrr leis a bhith a' ceangal suas nan cuislean a bha a' sileadh fala agus an uair sin a' carachadh cungaidh-leighis fhuil-chasgach air an lot. Bha rud eile ann nach do chòrd ris a' mhaighstir: bidh lannsairean a' glanadh air falbh puinnsean an fhùdair-ghunna le ola ghoilich. Bha Mgr von Gersdorff calg-dhìreach an aghaidh sin. Bhiodh esan a' glanadh nan lotan truaillte le ola a bha blàth seach goileach. A rèir na chunnaic mise, shlànaich na lotan a ghlan esan gun a bhith air at agus cha robh fiabhras no breisleach air an luchd-fulaing.'

''S e lannsair teòma sgileil a th' ann am Mgr von Gersdorff,' arsa mise.

''S e. Ach bhiodh feum agad air tuilleadh is làmhan sgileil a bhith nad dheagh lannsair. Dh'fheumadh eòlas agus breithneachadh ceart a bhith agad cuideachd. Air blàr a' chogaidh, 's e measadh mionaideach air an fhear leònte a' chiad rud a dh'fheumar a dhèanamh. Tha aig gach lannsair ri ionnsachadh gum bi lotan ann nach gabh leigheas idir. Gu mì-fhortanach, agus 's e rud duilich a th' ann, feumaidh an lannsair na fir gun dòchas a dhiùltadh. Ach gabhaidh a' mhòr-chuid de lotan leigheas ged a lionnraicheas iad gu ìre air choreigin. Chithear trì slighean eadar-dhealaichte: bidh lotan glana ann a shlànaicheas gun mòran duilgheadais sam bith; bidh lotan salach ann a bhrachas agus a chuireas a-mach iongar mus slànaich iad; agus bidh lotan ann nach lionnraich idir ach a dh'fhàsas teth dearg air at – sgaoilidh an deirgead, bidh fiabhras àrd air an fhulangaiche agus gheibh e bàs.'

'An do dh'ionnsaich ur n-athair fhèin na h-aon nithean fhad 's a bha e na lannsair òg?'

'Dh'ionnsaich. Ach cha robh gunnaichean mar an *arquebus* ann an uair sin agus cha robh aige ri dèiligeadh ri fùdar-gunna ach turas no dhà. A dh'aindeoin sin, bhiodh e air aontachadh le Mgr von Gersdorff air mòran nithean.'

Cha robh ùine a barrachd againn airson bruidhinn. Bha na h-eich deiseil.

***

Thàinig a' ghrian bho chùl sgòthan agus ràinig sinn ceann ar turais ann an deagh shunnd. Tha Lùchairt Spiothain suidhichte ann an àite brèagha air bruaich sàilean Linne Mhoireibh – tha acarsaid ann a chumas trì no ceithir bàtaichean-marsantachd. Mharcaich sinn tro gheata sear na lùchairt a-staigh don chùirt-lios far an do thòisich na fir-airm ri biadhadh nan each. Bha feadhainn de na fir air fuireach anns an lùchairt anns na bliadhnaichean a chaidh seachad agus bha fios aca gum biodh biadh blasta agus deoch mhath a' feitheamh orra.

Chaidh an rìgh don t-seòmar àbhaisteach aige faisg air seòmraichean an easbaig anns an tùr a deas. Fhad 's a bha am feasgar a' ciaradh, thug mi sùil mun cuairt bho mhullach an tùir – gu tuath, a' mhuir na sìneadh fo na speuran, gu deas, beanntan Shrath Spè agus guailnean leathann Bheinn Ruaidhneis.

Bha fios againn nach biodh Anndra Forman, Easbaig Mhoireibh, anns an lùchairt gus fàilte a chur oirnn – tha e thall thairis an sàs ann an gnothaichean dioplòmasach. Na àite, ge-tà, bha an deadhan aige, Daibhidh MacIlleDhuibh, aig baile. Dh'fhaighnich e den rìgh gu modhail mu a shlàinte agus mun turas againn gu ruige seo. Nuair a fhuair e a-mach gun robh a h-uile rud mar bu chòir, dh'fhaighnich e den rìgh am faodadh e a chomhairle a ghabhail a thaobh fear de na gillean-stàbaill air an robh an dèideadh.

Bha am fear seo na laighe air leabaidh fhiodha ann an seòmar os cionn an stàbaill. Cha robh e a' coimhead math idir. Bha e follaiseach gun robh fiabhras àrd air agus cha robh comas aige bruidhinn leis na bha de shèideadh na aodann – bha an craiceann dearg agus a' leusachadh. Chaidh innse dhuinn gun robh an dèideadh air a bhith air fad cola-deug. Bha e air uisge bho thobar Naoimh Brìde a ghabhail ach cha tàinig piseach air idir. An-diugh, bha cùisean air a dhol a sheachd mhiosad. Bha an deadhan air fìon agus beagan sùgh cadalain a thoirt dha. Cha robh fios aige dè a bharrachd a dhèanadh e.

Thug an rìgh cuireadh do Mhgr Eanraig am fear a sgrùdadh an toiseach. Gu cùramach, choimhead an lighiche a-steach do bheul a' ghille-stàbaill a rinn cnead leis a' chràdh a bha ann. Chuir e ceist air an duine ach cha do fhreagair e. Ghabh e a' bhuille-chuisle aige. An uair sin rinn an rìgh na nithean ceudna. Dh'iarr e na h-innealan-fiaclair aige. Ghabh e teanchairean na làimh agus thug e buille do thè de dh'fhiaclan-cùil an fhir. Chlisg an duine bochd. Aig deireadh a' ghnothaich, chaidh sinn a-mach don chùirt-lios airson deasbad a dhèanamh.

B' i beachd Mhgr Eanraig nach maireadh an duine beò ach bu chòir dhuinn tuilleadh fiona agus sùgh cadalain a thoirt dha. Cha robh an rìgh a' dol leis – bha e airson an fhiacail-chùil ghrod a tharraing a-mach. Ghabh Mgr Eanraig ri beachd an rìgh ach dh'iarr e air gum biodh beagan ùine aige gus an duine bochd a chur na chadal le luibhean suainealach. Cheadaich an rìgh sin dha agus dh'fhalbh e còmhla ris an deadhan. Chunnaic mi Mgr Eanraig a' fosgladh na h-aon mhàileide às an tàinig na h-innealan a chuir e gu feum air Iain Damian ann am Peairt. Thug e a-mach poca anns an robh còig pìosan spuing. Ghabh e fear dhiubh agus fhliuch e le uisge glan e.

'Dè a tha sin?' dh'fhaighnich mi dheth.

''Seo spong suainealach a dheasaich mi o chionn seachdain no dhà. Mheasg mi le chèile sùgh cadalain, sùgh mandraig, iteodha, rùsg craobh nan smeur, agus fùdar gafainn. Ghoil mi an spong annta gu tiormachd. Nuair a fhliuchas mi an spong, bidh an deatach a thig dheth a' cur an euslaintich na chadal. Chan fhairich e cràdh sam bith. Ach feumar a bhith faiceallach. Tha stuthan làidir cudromach anns na luibhean seo. Chan eil astar mòr eadar a' chungaidh-leighis agus am puinnsean marbhtach.'

Nuair a bha an gille-stàbaill na chadal, tharraing an rìgh an fhiacail a-mach gun duilgheadas sam bith. Chuir Mgr Eanraig pìos beag còinnich anns an toll às an tàinig an fhiacail agus bhrùth e air le òrdaig airson casg a chur air an fhuil.

Bha an lighiche a' frithealadh fhathast don ghille nuair a chuala sinn marcaiche a' tighinn a-steach do dhubhar na cùirt-liosa. Bha litir aige don rìgh le seula Phàdraig Paniter oirre. Chaidh an rìgh don t-seòmar aige gus am biodh fois aige an litir a leughadh.

'Chan eil càil anns an litir ris nach robhar an dùil,' ars esan, ged a bha fiamh iomagaineach air aodann. 'Tha an rùnaire a' cur nam chuimhne gum bi Ridire Uilleam Cuimean Inbhir Aileachaidh, an teachdaire agam, anns an Fhraing a-nis. Bidh e air an rabhadh deireannach a sgrìobh mi gu Eanraig Shasainn a chur na làmhan-san. A thuilleadh air sin, tha an rùnaire air sgrìobhadh gu bheil sràidean Dhùn Èideann làn agus a' cur thairis le mithean agus maithean gan deasachadh fhèin airson latha a' chruinneachaidh. Bithear ag iarraidh dà fhichead latha seirbheise bhuapa an dèidh an latha sin, a rèir an reachd nàiseanta. Cha chualas facal bho na Frangaich agus chan eil sgeul air na fir-airm aca. Leanaidh sinn oirnn air ar cùrsa, ge-tà, a' creidsinn gum bi iadsan a' cumail a' chùmhnaint a tha eadarainn leis an aon dealas 's a bhios sinne.'

Bha am biadh deiseil anns an talla mhòir. Bha sitheann-chearc, iasg agus maoraich am pailteas agus leann do na fir-airm. Fhad 's a bha iadsan a' mealtainn a' bhìdh agus an teine, bha an rìgh na thost, fiamh smaointeachail air aodann. Chunnaic mi gun do ghabh e beagan èisg agus glainne bheag fìona. Bheannaich e an oidhche do na fir-airm mus do thill sinn do sheòmar an deadhain anns an tùr a deas. Aig an aon àm, chaidh Mgr Eanraig a choimhead air a' ghille-stàbaill feuch an robh rud sam bith a dhìth air. Bha sinn nar suidhe air beulaibh teine lasraich nuair a nochd an lighiche leis an deagh naidheachd gun robh an t-euslainteach cofhurtail agus aig fois.

'An cuala tu bhon Easbaig Anndra o chionn ghoirid, a Shir?' tha an deadhan a' faighneachd den rìgh.

'Cha chuala,' tha an rìgh a' freagairt, 'ach tha e anns an Ròimh an-dràsta, an dòchas gum bi cothrom aige bruidhinn ris a' Phàpa Leo. Bidh e a' feuchainn ri sìth ath-stèidheachadh eadar Louis na Frainge agus am Pàpa. Nam biodhte a' sireadh duine comasach air a leithid de nì a dhèanamh, cò a b' fheàrr na an t-Easbaig Anndra?'

'A rèir na chuala mise, a Shir, chan ionnan am Pàpa ùr agus am fear a bha ann roimhe. B' e fear an fhòirneirt a bh' ann am Pàpa Julius. Cha robh e math air co-rèiteachadh a dhèanamh idir. 'S e fear de theaghlach Medici a th' anns a' Phàpa Leo agus bidh co-rèiteachadh a' ruith na chuislean. Tha ùidh mhòr aige ann am baile Florence – dh'fhaodadh e a bhith gur e sin an rud as cudromaiche dha.'

'Dh'fhaodadh gu dearbh,' tha an rìgh a' freagairt. 'Ach tha an t-Easbaig Anndra den bheachd nach eil Leo furasta a leughadh. Bu toil leis a bhith càirdeil do na h-uile agus chan obraich sin idir. Nuair a bha am Pàpa Julius a' cumail smachd air cuisean, bha e soilleir gu dè a bha e ris: bha e airson gach coigreach a smaoinicheadh gum biodh còir aige air talamh Eadailteach a ruagadh gu taobh tuath nan Alps – an Rìgh Louis, an t-Ìmpire Maximillian agus na Spàinntich.'

'Ach am biodh sibh ag aontachadh leam gun robh glòir-mhiann an Rìgh Louis ga phiobrachadh? Ghairm e Comhairle na h-Eaglaise. Chan eil còir aig duine beò sin a dhèanamh ach am Pàpa fhèin.'

'Ò bhitheadh, bhitheadh,' tha an rìgh ag ràdh. ''S e glòir-mhiann an Rìgh Louis as adhbhar gun do shuidhicheadh an Caidreabh Naomh na aghaidh. Ged a chùm buill a' Chaidreibh a-mach gur ann airson dìon na Pàpachd a bha e, bha iad a' creidsinn gur e miann Louis a bhith na riaghladair air an leth-innse Eadailteach air fad. Ach, nam bheachd-sa, cha ghabh sin a chreidsinn nuair nach robh e comasach air smachd a chumail air Naples an toiseach, agus an uair sin air Milan. Agus nach do chuir feachd a' Chaidreibh ruaig air na Frangaich an turas mu dheireadh a thàinig iad thairis air na h-Alps? Cha bhi an Rìgh Louis air ais ann an Lombardy am-bliadhna fhad 's a bhios Eanraig Shasainn anns an Fhraing.'

'Agus tha Rìgh Shasainn na bhall den Chaidreabh Naomh.'

'Tha. Ach chan eil mi an dùil gum b' e sin a thug air ionnsaigh a thoirt air an Fhraing. Fad bhliadhnaichean, bha fadachd air gus an dèanadh e cogadh an aghaidh nam Frangach. Agus a-nis, tha a ghiùlan mì-chiatach gam bhrosnachadh fhìn gu cath.'

'Chan eil e furasta do dhuine sìmplidh mar a tha mise,' tha an deadhan ag ràdh, 'cuilbheartan rìghrean na Roinn Eòrpa a thuigsinn.'

'Chan eil e furasta do dhuine sam bith,' tha an rìgh a' freagairt le gàire.

'Tha mi an dòchas,' tha an deadhan a' leantainn air, 'gum bi cothrom aig an Easbaig Forman a bhith a' mìneachadh an t-suidheachaidh thoinnte agaibh fhèin don Phàpa, a Shir. Dh'fhaodadh e a bhith gun tuigeadh am Pàpa Leo na duilgheadasan agaibh na b' fheàrr na thuig Julius.'

'Bu toil leam a bhith a' smaoineachadh sin, a Dhaibhidh, ach tha na Sasannaich, gu h-àraidh an Càirdineal Bainbridge à York, air a bhith ag obair chum a chur nam aghaidh mar-thà. Tha am Pàpa Leo air a dhearbhadh gum bi mi air m' iomsgaradh bho chomann nan Crìosdaidhean cho luath 's a tharraingeas mi claidheamh ann an Sasainn.

'Ach cha bu chòir dhuinn a bhith a' bruidhinn air gnothaichean Eadailteach fad na h-oidhche. A thaobh cùisean na h-Eaglaise, fàgaidh mi an dàn agam fhìn ann an làmhan comasach an Easbaig Anndra. Chan eil teagamh agam gum bi fiughair mhòr aige ri tilleadh don lùchairt chofhurtail shìtheil seo. Agus an t-àile a bhios a' tighinn far Linne Mhoireibh – tha e cho fionnar glan.'

'Bidh an t-àile a' còrdadh ribh a-màireach, a Shir. Am bi sibh a' gabhail an aiseig bho Àird nan Saor chun a' Chorrain?'

'Bithidh.'

'Agus bho Chromba gu Neig cuideachd?'

'Bithidh. Tha an ùine a' ruith agus bidh na h-aiseagan luath. Le cuideachadh Dhè, ruigidh sinn ar ceann-uidhe ro laighe na grèine.'

'Gum biodh Dia leibh air ur turas, a Shir. Chan eil ceann-uidhe taistealachd nas fheàrr na Baile Dhubhthaich, le cuimhneachain

dhrùidhteach an naoimh agus an eaglais bhrèagha a tha ann.'
'Tapadh leat, a Dhaibhidh.'
Tha sinn nar tost a-nis ann an solas nan èibhleagan dearga, gach fear sgìth, gach fear air chall na chuid smaointean.

Tha an Rìgh a' bruidhinn ris an Amadan

''S e duine còir a tha anns an deadhan, a Thòmais. Bidh farmad orm, bho àm gu àm, air pearsachan-eaglais coltach ris. Chan eil mi a' bruidhinn orrasan a tha a' dìreadh an fhàraidh gu àrd-dreuchd ach air na fir a fhuair gairm a bhith nan searbhantan iriosal do Dhia. Tha iad beò ann an soillse àghmhor. Tha rudeigin sìmplidh tarraingeach nam beatha-san.'
Tha mi a' gnogadh mo chinn.
''S dòcha nach eil am beachd seo cothromach don Easbaig Forman, ge-tà. Dh'aidicheadh e anns a' mhionaid gun robh agus gu bheil sùil aige air àrdachadh anns an eaglais. Cha bhiodh iongnadh orm idir nam biodh e an dòchas air ad a' chàirdineil fhaighinn dha fhèin, ged nach tuirt e facal air a' chuspair sin riumsa. Ach tha e ri obair chudromaich an-dràsta, a' dol mar thosgaire na sìthe eadar Rìgh Louis agus am Pàpa. 'S i a' chonnspaid eatarra a tha aig bun nan trioblaidean anns an Roinn Eòrpa an-diugh. Ach Eanraig Shasainn! Bhon toiseach, bha e na chabhaig gus am biodh e na bhall den Chaidreabh Naomh. Dè a b' fheàrr a bhiodh a' tighinn ri a chàil na caidreachas an aghaidh nam Frangach? Cha bhiodh feum aige tuilleadh air leisgeul airson ionnsaigh a thoirt orra. B' urrainn dha tlachd a thoirt do na h-àrd-uaislean glòir-mhiannach aige agus, aig an aon àm, bhiodh e fhèin na ghaisgeach treun, mar an Rìgh Eanraig a Còig air a bheil spèis cho mòr aige.'
Tha an smaoin shearbh seo air fearg a chur air mo mhaighstir. Gu h-obann, tha e ag èigheach, 'Ceannsaich na h-Albannaich! Thoir ionnsaigh air na Frangaich! An àithne dhà-fhillte air

bilean rìghrean Shasainn fad linntean. Ach 's e uaibhreas mòr a tha air Eanraig Shasainn ma bhios e a' dèanamh coimeas eadar e fhèin agus an Rìgh Eanraig a Còig. Tha fios aige gu bheil e na Thudor agus gur ann lag a tha còir an teaghlaich sin a bhith a' gabhail fuil rìoghail orra fhèin. Bha tuigse air sin aig athair, Eanraig a Seachd, agus b' i an tuigse a bha aige a dh'obraich chum maith an dithis againn – dh'aithnich esan uachdranachd rìoghail na h-Alba agus, ann a bhith a' pòsadh a nighinn, dh'aithnich mise uachdranachd nan Tudors. Rinn sinn sìth còmhla ri chèile ach tha am mac buaireasach aige air a milleadh uile gu lèir.

'Tha mi cinnteach gum bi e a' dèanamh tàir air an litir a chuir mi thuige le Ridire Uilleam Inbhir Aileachaidh. Ath-aithrisidh e am beachd a chuir a' Phàrlamaid aige an cèill an-uiridh – nach eil anns an dùthaich uasail againn ach searbhant do Shasainn; gum bu chòir dhuinn a bhith a' lùbadh ar glùinean gu mòrachd Eanraig Thudor. Agus dè mu mo dheidhinn-sa? Feumaidh mi mionnan-strìochdaidh a thoirt dha, ga aithneachadh mar uachdaran os mo chionn. Mise – a dh'ungadh fa chomhair Dhè mar Rìgh na h-Alba, le sinnsearachd a' dol air ais gu Calum a' Chinn Mhòir agus Mairead, a' bhanrigh Shasannach aige. Cò an druim a sheasadh ris?'

Tha aodann mo mhaighstir glaisneulach, a làmh dheas dùinte gu teann na dhòrn.

'Nach eil làmh-sgrìobhainn an Aba Bower aig gach eaglais agus manachainn ann an Alba? Nach do rinn e iomradh air sinnsearachd ar sluaigh air ais gu Scota, a' bhana-phrionnsa Èipheiteach ri linn Mhaois? Nach do rinn Foirgheall Obar Bhrothaig iomradh air sreath de cheud rìgh Albannach 's a trì-deug? Rìghrean againn fhìn gun choigreach nam measg. Fad dà cheud bliadhna, cha mhòr, bho linn an Rìgh Dhaibhidh a Dhà, dhaingnicheadh ar rìghrean le reachd a' Phàpa. Agus na Tudors? Ro Bhlàr Achadh Bhosworth, nam morairean suarach anns a' Chuimrigh!

'Tha na freumhan an-uasal aca gan taisbeanadh fhèin ann an

gnothaichean mar dhìleab na banrigh Mairead. Bidh Eanraig ga cleachdadh mar phìos air clàr-tàileisg. Dè thuirt Nicholas West, an t-easbaig ainmeil aige, rium o chionn ghoirid? 'Cumaibh an t-sìth agus bidh an dìleab agaibh an ceann ùine.' Mì-chiatach! Thoir sùil air Eanraig, a' spailpeadh thuige agus bhuaithe anns an Fhraing, a' struidheadh airgead athar. Agus tilgidh e ormsa gu bheil mi a' dol a bhriseadh Cùmhnant na Sìthe Buaine a tha eadarainn!'

'A dh'aindeoin sin, a Shir,' tha mi ag ràdh, gu sòlaimte, mas fhìor, 'cha bhithinn a' sireadh bàs an Rìgh Eanraig a-chaoidh.'

'Nach bitheadh, a Thòmais? Tha thu nad dhuine còir tròcaireach, ma-thà.'

'Cha bhithinn cinnteach às a sin, a Shir. Bha mi a' smaoineachadh gum b' fheàrr leam nan gabhadh e a' ghùt no clach na aotroman. Chuala mi gu bheil piantan nan tinneasan seo nas miosa na am bàs.'

Tha fiamh a' ghàire a' nochdadh air aodann an rìgh.

'Tha rud eile air tighinn nam chuimhne,' tha mi a' leantainn orm. 'Chuala mi gun robh na Ròmanaich a' dèanamh ìomhaighean-cloiche de na fir mhòra sin, na Caesars, agus gan cur air mullach cholbhan àrda màrmoir. Saoil am bu chòir dhuinne ìomhaigh-chloiche an Rìgh Eanraig a dhèanamh ach 's ann air mullach na sitig a chuireas sinn i. Bidh an rìgh mar choileach air òtrach fhèin, a' coimhead sìos le uaill air na cearcan fhad 's a bhios iad ri sgrìobadh.'

Tha an rìgh a' meòrachadh air m' fhaclan agus a' dèanamh dealbh leotha ann an sùil inntinn. An uair sin tha e a' leigeil lachan-gàire às, 'A Thòmais, tha thu air dealbh ro-tharraingeach a thoirt dhomh. Glè fhreagarrach. Bidh e a' tighinn air ais thugam còrr is uair, tha mi cinnteach.'

Gu fortanach, tha coltas ann gu bheil an eirmse luathaireach agam air beagan faothachaidh a thoirt do mo mhaighstir.

Tha e ag èirigh air a chasan, 'Ach a charaid, tha rathad fada romhainn a-màireach. Beannachd leat agus caidil gu math.'

Baile Dhubhthaich
Oidhche Fèill Sancti Hippoliti, Martair, agus a Chompanaich
(Dimàirt 12 an Lùnastal 1513)

DH'FHALBH SINN à Lùchairt Spiothain aig èirigh na grèine. Mus do dh'fhalbh sinn, ge-tà, thug an rìgh agus Mgr Eanraig sùil air a' ghille-stàbaill bhochd. Gu mì-fhortanach, cha robh e càil na b' fheàrr agus chuala iad gun robh e air a bhith ann am bruaillean airson na mòr-chuid den oidhche. Bha briseadh-dùil air an rìgh, ach chuir Mgr Eanraig inntinn aig fois nuair a thuirt e ris nach do rinn e cron sam bith air an duine. A dh'aindeoin sin, chuala mi mo mhaighstir ga chàineadh fhèin airson a bhraiseid. Ach, co-dhiù a bha e ga thuigsinn no nach robh, bha an gille-stàbaill fada an comain an lighiche – rinn an spong suainealach feum dha le bhith a' cur stad air a' chràdh.

B' ann fada deuchainneach an latha. Stad sinn ann am Farrais airson greis. An dèidh sin, bha sinn air muin eich fad na h-ùine, cha mhòr, ach a-mhàin nuair a ghabh sinn na h-aiseagan. Gu fortanach, bha fèath ann agus cha robh cur na mara orm – chan e seòladair math a tha annam idir. Nuair a thàinig sinn air tìr aig Neig, chaidh sinn don eaglais bhig gus am biodh an rìgh a' dèanamh ùrnaigh ri taobh na croise aosta. Sin a bu ghnàth le mo mhaighstir air taistealachd a Bhaile Dhubhthaich. An dèidh greis, bha sinn air ais air ar turas, agus an ceann-uidhe againn faisg air làimh, beagan mhìltean gu tuath.

***

Cho luath 's a tha Baile Dhubhthaich anns an t-sealladh, tha an rìgh a' cur stad air na fir-airm. Tha e a' leum às an dìollaid, agus e airson a' mhìle dheireannach chun na h-eaglaise a choiseachd cas-rùisgte.

Dh'fheumadh e a bhith gun robh muinntir a' bhaile a' cumail sùil gheur air ar son a chionn gu bheil buidheann bheag de dhaoine a' feitheamh oirnn aig gàrradh deas na h-eaglaise. Aig an ceann, chithear am Probhaist Uilleam Spynie. Tha e a' cur fàilte bhlàth air an rìgh. 'S fhada bho bha iad eòlach air a chèile – tha an dithis aca air a bhith a' coinneachadh an seo turas no dhà gach bliadhna bhon a bha mo mhaighstir na dhuine òg. 'S ann còir càirdeil a tha am probhaist mar as àbhaist ach saoilidh mi gu bheil fiamh a' bhròin air aodann an-diugh – bidh e mothachail gu bheil uallach trom air guailnean an rìgh. Biodh sin mar a bhitheadh, tha mi cinnteach gum bi mo mhaighstir a' faighinn sòlas mòr bho na h-ùrnaighean a-nochd.

Tha a' ghrian fada air an t-slighe chun na h-àird' an iar ach tha i a' tilgeil solas fann dearg fhathast air ballachan Eaglais Naoimh Dhubhthaich. Tha an caibeal aosta na sheasamh ann an sgàile na h-eaglaise brèagha ùire a thogadh le airgead a thug seanair an rìgh don sgìre-easbaig seo o chionn leth-cheud bliadhna. An uair sin thug athair an rìgh airgead don eaglais airson gum biodh a' chòisir aice air a meudachadh – mar thoradh air sin, bha, tha, agus bidh ceòl *Opus Dei* ga mhealtainn an seo a h-uile latha den bhliadhna. Ach cha do sguir pàtranachd rìoghail le sin. Thug mo mhaighstir gu fialaidh airson gum biodh an t-òr-cheàrd a b' fheàrr ann an Alba a' cruthachadh bogsa airgid airson cnàmhan an naoimh, agus chàraich na tàillearan rìoghail an lèine aige.

A' leantainn ceumannan a' probhaist, tha an rìgh a' dol a-steach don eaglais tron sgàil-thaigh a deas. Tha grunn thaistealach ann, nan seasamh gu aon taobh, ceann crom orra. Tha dorsan mòra troma na h-eaglaise gam fosgladh agus seo e – corp na h-eaglaise air a shoillseachadh le ceudan de choinnlean, fàileadh milis na cèire-seillein agus na tùise gam measgachadh le chèile anns an èadhar. Aig ceann siar a' chuirp, tha na seaplainean agus a' chòisir cruinn còmhla a' feitheamh air a' phrobhaist. Chì mi buidheann de bhorgh-fhir nan seasamh gu modhail anns an dubhar. Tha a' chòisir a' tòiseachadh ri coiseachd suas trannsa mheadhanach na h-eaglaise. Tha am probhaist a' gabhail àite fhèin aig cùl na còisire, an rìgh ceum air thoiseach air, agus e fhathast cas-rùisgte.

Tha iad a' gluasad gu mall, gu sòlaimte a dh'ionnsaigh sgàilean an ròid, sùilean glaiste air ìomhaigh ar Slànaigheir Bheannaichte, an Òigh Muire agus an Naomh Eòin air gach taobh dheth. Cha bhi mise a' dol air taobh thall an sgàilein ach tha sealladh math agam – chì mi a' chòisir a' gabhail nan suidheachan aca. Tha cathair àraidh ann airson an rìgh, mar as àbhaist, ann am meadhan an ionaid-choisrigte.

Tha am probhaist a' dol suas chun na h-altarach agus ga pògadh le urram ro-mhòr. Air a mullach, tha cuimhneachain Naoimh Dhubhthaich as prìseile rim faicinn. Ged a tha astar beag ann eadar mi fhìn agus an rìgh, chì mi deòir an aithreachais na shùilean.

Tha am probhaist a' tòiseachadh seirbheis *Compline* leis na h-aon fhaclan a chuala sinn ann an Obar Bhrothaig o chionn trì latha, mus seinn a' chòisir a' chiad salm airson Dimàirt – an dara salm deug, '*Salvum me fac Domine quoniam defecit sanctus.*'[6]

Tha an rìgh ag èisteachd le tlachd mhòir, a shùilean dùinte a-nis. Aig deireadh na seirbheise, bidh e ag ùrnaigh air a ghlùinean air beulaibh na h-altarach mus bean e ris na bogsaichean maiseach anns a bheil ceann, cliathan agus lèine an naoimh air an tasgadh. Nuair nach bi duine ann ach e fhèin agus am probhaist, bidh e a' dol don naomh-thaisg a tha cho làn de dh'ionmhas agus a' tairgse nan tiodhlacan aige fhèin, òr agus airgead.

Seo oidhche gun sal gun smal don rìgh. Ràinig e Eaglais Bhaile

---

6 Cuidich leam, a Thighearn, oir chan eil duine diadhaidh ann. Salm xii, 1

Dhubhthaich. Rinn e ùrnaighean don Naomh Dubhthach, an dòchas gum bi esan a' dèanamh eadar-ghuidhean air ar son ge b' e air bith dè a bhios ri thighinn. Mus èirich a' ghrian a-màireach, bidh e a' tadhal air tobhta na seann eaglaise faisg air a' mhuir a chaidh a thogail air an làraich far an do rugadh an naomh. Tha aonaran a' fuireach ann a bheir cobhair agus fasgadh do na taistealaich agus do dhuine sam bith air a bheil uireasbhaidh. Chan ann dha fhèin a tha an t-aonaran beò, agus bidh an rìgh ga mheas na urram dha airgead a thoirt don fhear neo-fhèineil Chrìosdail seo.

An dèidh biadh sìmplidh a ghabhail ann an taigh a' phrobhaist, tha an rìgh deiseil airson beagan còmhraidh mus tèid e don leabaidh. Tha an t-àite seo cho sìtheil, tha mi duilich nach bi againn ach beagan uairean a thìde ann. Rinn sinn oidhirp mhòr gus Eaglais Bhaile Dhubhthaich a ruigsinn, ach bidh an rìgh air bhioran gus an till e a Dhùn Èideann a dh'fhaicinn le a shùilean fhèin cruinneachadh an fheachd.

A rèir coltais, tha an aon smaoin air inntinn a' phrobhaist.

'Tha mi air mo dhòigh, a Shir, a bhith a' toirt aoigheachd dhuibh ann am Baile Dhubhthaich uair eile. Ach tha briseadh-dùil orm nach bi agaibh ach oidhche a chur seachad còmhla rinn. Dhèanadh naomhachd agus sàmhchair Bhaile Dhubhthaich feum dhuibh.'

'Tha mi duilich, Uilleim, ach bidh fios agad air an t-suidheachadh agam. Bu toil leam eadar-ghuidhean an Naoimh Dhubhthaich a bhith agam mus toirinn ionnsaigh an aghaidh Shasainn.'

'Tha mi cinnteach gum bi taic an naoimh agaibh. Agus gum biodh Dia leibh.'

'Chan eil teagamh agam gur ann ceart cothromach a tha ar cùis, ach bidh fios aig a h-uile duine a nì sgrùdadh air cogadh nach tèid a h-uile blàr mar a bha an dùil. Gabh beachd air na thachair dom athair fhèin, fear dìreach cràbhach, a mhurtadh air blàr a' chogaidh le saighdear feachd an t-Sàtain fhèin.

'Faodaidh mi bruidhinn gu fosgailte ann an èisteachd Mhgr Eanraig agus Thòmais. Tha mi fhathast a' giùlan uallach a' chionta a thaobh bàs m' athar. Anns na h-aislingean a thig thugam san oidhche, air adhbhar air choreigin, tha ceangal ann eadar m' athair agus an Naomh Dubhthach.'

'Tuigidh mi sin, a Shir,' tha am probhaist ag ràdh. 'Cha robh ann ach ùine ghoirid eadar bàs ur n-athar agus a' chiad taistealachd agaibh a Bhaile Dhubhthaich.'

Tha a h-uile duine nan tost airson greis.

'Tha mi cinnteach gun tug an Eaglais fuasgladh dhuibh airson peacadh sam bith a rinn sibh air an latha dhorcha sin,' tha am probhaist a' leantainn air, 'ach tha sibh fhathast a' faireachdainn a' chuideim, mar chliabh làn chloich' air ur druim.'

'Cha b' urrainn dhomh a chur an cèill na b' fheàrr,' tha an rìgh a' freagairt. 'Tha an Eaglais air m' fhuasgladh bho pheanas sìorraidh. Tha mi an dòchas gun ruig mi nèamh aig an deireadh, an dèidh dhomh ùine a chur seachad anns a' phurgadair.'

'Nach eil sin fìor do gach fear againn, a Shir. Cò a thèid a-steach do nèamh gu dìreach ach na naoimh? 'S ann acasan a-mhàin a tha beatha gun lochd. Bidh feum againn uile air glanadh ann an teintean a' phurgadair, ged a bu toil leam a bhith a' creidsinn gum bi ar dòchas agus ar n-earbsa ann an ceartas Dhè a' dèanamh a' ghlanaidh sin nas fhasa a ghiùlan. Nach truagh mac an duine! Ged a bhios gràdh do Dhia againn nar cridhe, gu tric 's e eagal ro Latha a' Bhreitheanais a bhios againn nar n-inntinn.'

'Nuair nach robh cuimhne oillteil air ar peacaidhean-bàis a' faighinn làmh-an-uachdar air,' tha an rìgh a' cur ris.

Tha fiamh truasail air nochdadh air aodann a' phrobhaist, 'Uaireannan, 's e fèin-mhaitheanas am maitheanas as dorra a thoirt agus a ghabhail,' tha e ag ràdh. 'Gu sònraichte dhaibhsan aig a bheil cridhe briste brùite agus mothachadh às an àbhaist.'

Tha an rìgh ag amharc air gu sòlaimte fhad 's a tha am probhaist a' leantainn air.

'Saoil a bheil am mothachadh sin na uallach no na thiodhlac

bho Dhia. Tha mi a' smaointinn air na h-obraichean mòra a rinn an Naomh Pòl agus e a' dèanamh strì ris an sgolb san fheòil a bh' aige – ged nach eil fios againne dè a bh' ann.'

Tha an rìgh a' meòrachadh air faclan a' phrobhaist anns an t-sàmhchair. Tha an oidhche ann a-nis, ged a tha boillsgeadh fhathast ri fhaicinn air uinneagan mòra taigh a' phrobhaist.

'Ach a Shir, bidh turas fada air thoiseach oirbh a-màireach.'

'Bithidh, Uilleim. Tha mi taingeil dhut airson d' fhaclan sòlasach.'

Tha an Rìgh a' bruidhinn ris an Amadan

'B' fhìor thoil leam fuireach an seo airson latha no dhà, a Thòmais. Dhèanadh e feum dhomh èisteachd ri comhairle ghlic a' phrobhaist ach chan eil an ùine againn an turas seo.

''S ann domhainn an tuigse aig a' phrobhaist. An ann mar thoradh air na h-uairean fada a chuireas e seachad ann an ùrnaigh? Tha e a' tuigsinn gum bu toil leam a bhith nam dhuine ionraic ach nuair a choimheadas mi a-steach nam chridhe is iad aithreachas, cràdh agus uamhann a chithear ann seach gràdh do Dhia. Seo cor m' anama bhriste, tha mi duilich a ràdh.

'Nach ann olc truaillte a dh'fheumas mi bhith ann an sùilean Dhè. Ach bidh fios aig Dia gum bi uallach agus buaireadh a' tighinn an lùib cumhachd agus beairteas a' chrùin. Mhealladh mo chridhe. Bha mi lag. Rinn mi mearachdan. Nach do rinn mo shinnsearan na h-aon nithean? Chan eil e furasta a bhith nad rìgh.

'Smaoinich air an Rìgh Daibhidh, am fear a b' ionmhainn le Dia. Smaoinich air an aithreachas, air a' chràdh a chuir e an cèill anns na sailm. Ach cha chuireadh esan a làmh ri beatha an Rìgh Saul nuair a bha cothrom aige an dearbh rud a dhèanamh. Ged a bha Saul air a thòir gus a mharbhadh, dh'aithnich Daibhidh e mar fhear ungte Dhè. Bhon a b' e Rìgh na h-Alba a bha nam athair, ungte ann an sealladh Dhè, is cinnteach gum bi mise co-ionnan ris na rìghrean a bu ghràineile anns an t-Seann Tiomnadh. Agus bidh cuimhne agad air na sgrìobh an Naomh Eòin na litir, nach bi a' bheatha mhaireannach a' fantainn ann am murtair sam bith.'

Tha sùilean an rìgh glaiste air a làmhan fhèin.

'Bhiodh am probhaist a' cur nur cuimhne, a Shir, gu bheil sibh a' toirt breith oirbh fhèin gu neo-thròcaireach. Chan eil sibh nur murtair idir, agus cha robh fuath agaibh dur n-athair.'

'Tha mi an dòchas gu bheil thu ceart, a Thòmais, agus gum faodainn ifrinn fhèin a sheachnadh – tha cuimhne agam fhathast air na fir-phianaidh agus an gnìomhan oillteil anns an dealbh ann an Obar Dheathain. Ach gabh beachd air seo – nam faighinn bàs agus mi air m' iomsgaradh leis a' Phàpa, dh'fheumainn feitheamh aig an ìre as ìsle den phurgadair airson ùine thar tomhais mus tòisicheadh an glanadh agam.'

'Ma tha sibh a' dèanamh iomradh air a' bhàrdachd le Dante, a Shir, nach cuimhnich sibh gun do sgrìobh e cuideachd nach bi cumhachd aig mallachd Pàpa sam bith anam a sgaradh bho ghràdh Dhè.'

Tha fiamh a' ghàire a' nochdadh gu goirid air aodann mo mhaighstir. 'Tha thu ceart, a Thòmais. Tha thu cho eòlach air a' bhàrdachd 's a tha mi fhìn.'

Tha mi airson cuspair ar còmhraidh atharrachadh, 'Tha mi fo bhròn nach b' aithne dhomh m' athair, a Shir.'

Tha an rìgh a' togail a chinn gu grad agus a' coimhead orm. 'Nach b' aithne? Fhuair mi fios, nuair a thòisich thu nad amadan dhomh o chionn mòran bhliadhnaichean, air dearbh-aithne d' athar. Aig an àm-sa, thug mi m' fhacal do chuideigin, agus tha e fhathast beò, nach bruidhninn air a-choidh. Tha mi gu dearbh duilich nach fhaod mi innse dhut na chuala mi. Fàgaidh mi mar seo e – tha feadhainn ann aig a bheil gràdh mòr ort, eadhon an-diugh.

'Ach bu toil leam a dhol a chadal, a Thòmais. Tha latha soirbheachail air a bhith againn ach bidh sinn air muin eich a-rithist a-màireach. Gum biodh solas an àite seo gar brosnachadh agus a' toirt togail dhuinn air an t-slighe air ais a Dhùn Èideann.'

Tha an sgìos follaiseach air aodann an rìgh. Tha mi a' dèanamh ùmhlachd dha.

Leabhar-latha Thòmais

Earrann a Dhà

An Rathad gu Flodden

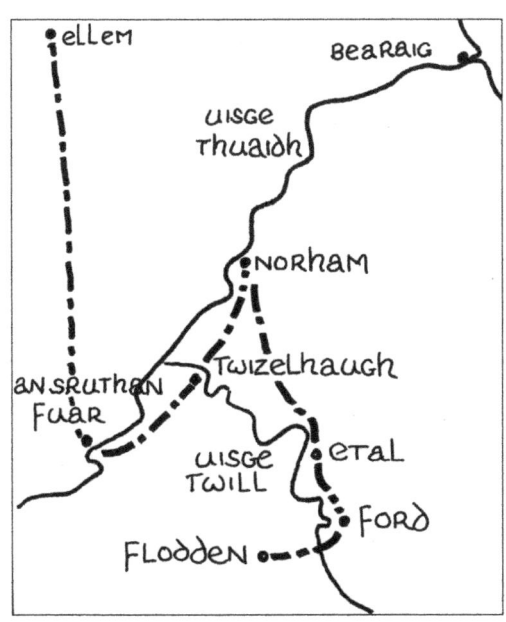

Lùchairt Taigh an Ròid
Fèill Sancti Agapiti, Martair
(Diluain 18 an Lùnastal 1513)

RÀINIG AN RÌGH Lùchairt Taigh an Ròid feasgar an-diugh.
 Cha mhòr gun do stad sinn air an turas air ais à Baile Dhubhthaich ach a-mhàin fhad 's a bha sinn nar cadal. Bha naidheachd bhrònach a' feitheamh oirnn aig Lùchairt Spiothain: cha do mhair an gille-stàbaill beò. Chuir sin sgleò air na làithean a lean agus chunnaic mi Mgr Eanraig a' bruidhinn gu socair ris an rìgh còrr is uair.
 Nuair a fhuair sinn cuid-oidhche aig Caisteal Shruighlea, ge-tà, bha coltas air an rìgh gun robh e ann an deagh shunnd mar thoradh air an taistealachd aige. Tha mi cinnteach gun robh e airson facal fhaighinn air a' Bhanrigh Mairead mus rachadh e gu deas. Bha e anmoch air an fheasgar mus do ràinig sinn an caisteal agus cha chuala mi guth air cuspair a' chòmhraidh aca airson greis. Ach fhuair mi fios bho na mnathan-coimheadachd gun robh a' bhanrigh a' sìor fhàs na bu fhrionasaiche, fo iomagain air eagal 's gum biodh an rìgh air a mharbhadh air blàr a' chogaidh. Tha i, mar a bha i a-riamh, dìleas ann am facal agus ann an gnìomh don rìgh, ach tha aislingean na h-oidhche air a bhith ga buaireadh. Ann an tè dhiubh, thuit crios-muineil sgeadaichte le leugan luachmhor far a h-amhaich sìos don làr agus bhris e. Nuair a thòisich i air na leugan a thional a-rithist, cha b' e leugan a bha ann na bu mhotha ach neamhnaidean, nan samhla air caoidh agus bròn. Cha do dh'fhalbh an rìgh às na seòmraichean rìoghail ro bhriseadh na fàire.
 Tha e neònach a bhith a' smaoineachadh gum bi a' bhuidheann

againn a' sgaoileadh o chèile a dh'aithghearr an dèidh cola-deug a chur seachad air taistealachd – ach an-diugh, gun teagamh, tha sinn air tilleadh gu saoghal eile. Fhad 's a bha sinn a' tighinn dlùth air Taigh an Ròid, bha na rathaidean trang leis na bha ann de shaighdearan air an t-slighe don Bhurgh Muir. Nuair a dh'aithnicheadh na saighdearan an rìgh, dhèanadh iad iolach àrd ach chuir iad maille oirnn, agus sinn cleachdte ri astar math a dhèanamh. Bha e na fhaothachadh dhomh nuair a ràinig sinn an lùchairt. Cha bu luaithe a bha an rìgh às an dìollaid na chuir e a dh'iarraidh an Rùnaire Paniter.

A rèir coltais, cha bhiodh agam ri frithealadh air an rìgh airson greis. Mar sin dheth, bha mi toilichte fuireach ann an cuideachd Mhgr Eanraig. Bha e a' dol a thoirt sùil air an uidheim a bhiodh feumail dha ann an Sasainn mus rachadh a luchdachadh air carbad-eich.

'S e fear de dh'òglaich na lùchairt a threòraich sinn don t-seòmar ri taobh na cùirt-liosa far an robh an uidheam air a tasgadh. Cha robh an seòmar mòr agus bha e loma-làn de bharaillean agus de bhogsaichean air an càrnadh fear air muin fir. Bha bòrd ann am meadhan an t-seòmair air an robh dà chiste fhiodha, agus air an làr bha bòrd beag paisgte agus grunn mhaidean mar chasan sguaibe rim faicinn. Bha an seòmar caran dorcha mus do chuir an t-òglach goilean ris an dà choinneil a bha ann.

Ghluais sùilean Mhgr Eanraig bho bharaill gu baraill, bho bhogsa gu bogsa, gun fhacal a ràdh. Cha robh mi airson briseadh a-steach do na smaointean aige ach, aig an aon àm, bha mi a' fàs feòrachail.

'Am faod mi faighneachd, a Mhaighstir, gu dè a th' anns na baraillean?'

'Tha mi 'n dùil gum bi stuth eadar-dhealaichte anns gach fear dhiubh, a Thòmais. Bidh agam rin sgrùdadh gu faiceallach. Bidh na baraillean mòra làn de dh'fhìon, de dh'ola agus de dh'fhìon-geur, agus bidh *turpentine* anns na baraillean beaga –

lionntan a chleachdas mi airson lotan a ghlanadh agus airson stiallan a bhogadh mus ceangail mi suas na fir leòinte. Bidh mòinteach liath ann am baraille mòr no dhà – tha i math mar ìoc-chòmhdach do na lotan domhainn. Agus is cinnteach gum bi mil ann an àite air choreigin – bheir e ùine mhòr bhuam coimhead air gach nì mus tèid a chur air a' charbad a-màireach.'

Chunnaic mi bogsa fiodha anns an robh searrag ghlainne suainte ann an connlaich.

'Dè a tha anns an t-searraig?' dh'fhaighnich mi dheth.

''S i ola nan ròsan a bhios innte. Tha i cosgail prìseil – bidh i air tighinn bho thall thairis. Bidh mi a' measgachadh boinne no dhà dhith le gealagan-uighe agus ga cur mar chungaidh-leighis gu dìreach air na lotan.'

Thog e an t-searrag agus tharraing e aiste an àrc. Ann an tiotain, bha àile an t-seòmair làn den fhàileadh a bu chùbhraidh a dh'fhairich mi a-riamh nam bheatha.

'Bha Avicenna, lighiche ainmeil Arabianach, den bheachd gun neartaicheadh am fàileadh seo an cridhe agus gun dèanadh e an eanchainn soilleir,' thuirt Mgr Eanraig.

'Tha mi ga làn-chreidsinn,' fhreagair mise.

Chuir e an àrc air ais ann am beul na searraige mus do chàraich e gu cùramach i anns a' bhogsa aice.

Chomharraich e am bòrd paisgte le a chorraig, 'Air an làr, seo bòrd nan opairèisean...'

'Agus na maidean fada?'

'Bidh mi a' dèanamh shlisean leotha a chàraicheas mi air fir le cnàmhan briste.'

'Tha an t-uabhas stuth ann. Tha coltas ann gu bheil sibh a' dèanamh deiseil airson blàr fuilteach.'

'Tha, a Thòmais, ach 's ann air rùintean an rìgh a bhios an obair agam fhìn na crochadh. Mura bi ach sèist no dhà ann, 's dòcha nach bi mòran shaighdearan air an leòn, ged a bhios luchd-dìon nan caistealan a' sabaid gu dian, tha mi cinnteach. Bidh iad a' cleachdadh a h-uile inneal-cogaidh a thig ri làimh. Mar eisimpleir, bidh iad a' taomadh poitean ola teotha agus uisge ghoilich air na fir a bheir ionnsaigh air na ballaichean – thèid feadhainn dhiubh a sgàldadh. Tha cuimhne agam air turas nuair a thilg an luchd-dìon beachlann de sheillean feargach sìos. Ach nan tigeadh e gu cogadh fosgailte, suidhichte air a' bhlàr, bhiodh obair gu leòr agam ri dhèanamh, gun teagamh.'

'Nach bi e cunnartach dhuibh fhèin a bhith ag obair faisg air sreath-aghaidh a' bhlàir?'

'Bithidh, gu ìre, ach bidh am pàillean agam air cùlaibh an t-sreatha Albannaich. Bidh grunn math phàillean ann den aon seòrsa – tuigidh tu gum bi lannsair pearsanta aig a' mhòr-chuid de na h-àrd-uaislean. Agus cha bhi mi ag obair nam aonar – tha mi cinnteach gum bi dusan no dhà fhear òg gan cur fhèin an aithne dhomh air an t-slighe gu deas – iadsan aig a bheil ùidh ann an obair-lannsa. Bidh feadhainn dhiubh airson obrachadh air blàr a' chogaidh fhèin – bidh sin cunnartach dhaibh ann an da-rìribh. Ach 's i obair chudromach a nì iad, ag aithneachadh nam fear air am bi obair-lannsa a' dèanamh feum. Thèid fir eile a thoirt thugam le luchd-leantainn an airm – mnathan nam fear agus an clann as sine.'

Thog Mgr Eanraig poca far an làir agus dh'fhosgail e a bheul.

'Seo iomadh gnè de luibhean tioram. Bidh mi a' cur riutha le luibhean ùra fhad 's a bhios sinn air an t-slighe. A-nis, nam faicinn bolta no dhà de dh'anart, bhithinn toilichte.'

Rùraich e ann an oisean an t-seòmair.

'Seo iad, a Thòmais. Uill, a rèir na chunnaic mi gu ruige seo, tha a h-uile rud mar bu chòir. Is math a rinn am poitigeir leis an liosta a thug mi dha.'

Thionndaidh e chun a' bhùird mhòir ann am meadhan an t-seòmair. Bha glas ri faicinn air gach tè de na cisteachan ach bha na h-iuchraichean freagarrach aig Mgr Eanraig.

'Lìon mi na cisteachan seo o chionn mìos agus tha fios agam dè a th' annta – na h-innealan-lannsair air am bi feum agam. Bidh mi gan geurachadh agus gan glanadh a-nochd. 'S dòcha nach tàinig e a-steach ort, a Thòmais, ach dh'fheumadh lannsairean a bhith math air obair-meatailt – gu h-àraidh le cruaidh. Aig a' char a bu lugha, dh'fheumadh iad na h-innealan aca fhèin a chàradh – agus tha e a' còrdadh ri mòran dhiubh innealan ùra a dhealbhadh.'

Thòisich Mgr Eanraig air pasganan leathair a thogail à tè de na cisteachan, gach fear aca ceangailte gu cùramach le iall agus bileag air. Sheall e pasgan dhomh.

'Is iad seo na h-innealan as fheàrr a thug mi dhachaigh leam à Strasbourg,' ars esan. 'Chan ionnan na h-innealan seo agus innealan a gheibheadh tu bho na ceàrdaichean ann an Alba. Tha iad air an dèanamh le smior na cruadhach.'

'Am faod mi am faicinn?' dh'fhaighnich mi.

'A bheil thu cinnteach, a charaid.'

Ghnog mi mo cheann.

'Chunnaic thu an lannsa a chleachd mi ann am Peairt. Tha iomadh gnè de dh'innealan an seo – tha iad nas truime agus nas treasa.'

Thòisich sreath innealan a' nochdadh às a' phasgan: sgian le lann fhada bhioraich, sgian a bha na bu ghiorra is na bu leithne, teanchair a chuir clobha-teine nam chuimhne, agus slat chaol a thàinig gu ceann ann an snìomhan. Bha seòrsa de bhoillsgeadh dorcha a' tighinn asta – mar gun do lìomh Mgr Eanraig iad agus gun do chuir e ola orra.

'Tuigidh mi an obair a nì na sgeinean ach dè mu dheidhinn an teanchair agus na slaite?'

'Bidh an teanchair feumail airson rudan mar phìosan luaidhe agus cloiche a thogail às na lotan a nithear le gunnaichean. Bidh an t-slat shnìomhach math air saighdean a tharraing a-mach.'

Dh'fhaodadh e a bhith gun robh mi air fàs car glaisneulach. 'A bheil thu ceart gu leòr, a charaid?' Bha e a' coimhead orm gu cùramach.

'Anns a' chiste eile, tha innealan ann airson lèigh-losgadh agus cnàmhan a' chlaiginn a ghluasad, ach nì mi sgrùdadh orra a-rithist.'

'Cnàmhan a' chlaiginn?'

''S e. 'S dòcha gum faca tu na ridirean a' sabaid an aghaidh a chèile ann an cath-chleasachd. Ach air blàr a' chogaidh, nuair a bhios na fir a' sabaid teann ri teann, bidh a' chòmhrag nas gèire is nas guiniche buileach. A dh'aindeoin sin, cha bhi e daonnan furasta fear a mharbhadh gus am bi e air a lotadh na cheann. Sin an rud, gu cumanta, a bhios a' toirt buaidh don dara fear seach am fear eile. Fiù 's an uair sin, nam biodh am fear leònte air a thogail agus a thoirt gu lannsair sgileil...'

'Ach nach do dh'innis sibh dhomh o chionn beagan làithean gu bheil lotan air a' cheann marbhtach?'

'Dh'innis gu dearbh, agus nam biodh an eanchainn air a milleadh, cha bhiodh leigheas ann. Ach bidh na lannsairean comasach air an claigeann a chàradh. Tha thu air sgeulachd a chur nam chuimhne, sgeulachd a dh'innis Mgr von Gersdorff dhomh. Am bu toil leat a cluinntinn?'

Ged a bha beagan de dh'eagal orm, ghnog mi mo cheann.

'Nuair a bha e na dhuine òg, chaidh Mgr van Gersdorff còmhla ri athair a fhrithealadh do shaighdearan Strasbourg agus Bhern a bha a' sabaid an aghaidh feachdan Bhurgundaidh. Nuair a chuir iad sèist ri baile Bhlamont, rinn luchd-dìon a' bhaile na b' urrainn dhaibh an tilgeil air ais. Loisg iad na gunnaichean-mòra a bh' aca sa ghearastan agus chaidh Niclaus von Diesbach, fear de na h-uaislean a bu chliùitiche os cionn armailt Bhern, a leòn na cheann. Bha fuil a' sileadh às a' bheul agus às a shròin agus bha e air mothachadh a chall. Shuain na lannsairean a cheann le stiallan anairt ach cha tàinig piseach air idir, agus an dèidh trì latha bha e fhathast gun mhothachadh. Fhuair athair Mhgr von Gersdorff cead a bhith a' fosgladh claigeann an fhir uasail le *trepann*. Thug e air falbh pìos beag cruinn den chlaigeann. Cha robh mòran misneachd aige gun dèanadh sin a' chùis ach, an ath latha, dh'fhosgail Niclaus von Diesbach a shùilean agus thòisich e ri brunndail. Taobh a-staigh seachdain, bha e air ais air muin eich ged nach robh e buileach slàn fhathast.'

Bhuail sgeulachd dhrùidhteach Mhgr Eanraig orm gu mòr. Ach, mus robh cothrom agam ceist eile a chur air, bha fearcoimheadaidh an rìgh a' gnogadh air an doras. Dh'fheumainn falbh.

Tha an Rùnaire Paniter a' feitheamh anns an trannsa. Tha mi a' dèanamh ùmhlachd dha. Gu h-iongantach, tha e a' cur fàilte orm gu modhail – bha mi an dùil ri gruaim. Saoil an tàinig e a-steach air nach eil mòran buaidh agam air an rìgh anns na làithean seo?

Tha doras seòmar an rìgh ga fhosgladh agus tha an rìgh ri fhaicinn na shuidhe aig a' bhòrd a' sgrùdadh phàipearan. Aig fuaim cas-cheumannan Phàdraig Paniter, tha e a' togail a shùilean a choimhead air an rùnaire agus ormsa, astar beag air a chùlaibh.

'A Phàdraig! Tha mi air mo dhòigh d' fhaicinn.'

'Gabhaibh mo leisgeul, a Shir, nach tàinig mi na bu tràithe. Bha cùisean ann a chuir maille orm.'

'Na bi fo iomagain mu dheidhinn, a Phàdraig. Bha obair agam ri dhèanamh – na litrichean seo! Nach suidh thu sìos?' Tha e a' comharradh cathair air taobh eile a' bhùird. 'Agus thusa, a Thòmais, mas e do thoil e.' Tha stòl ann dhòmhsa air cùlaibh mo mhaighstir.

'Tha mi an dòchas gun deach gu math dhuibh, anns a h-uile dòigh, air an taistealachd agaibh.'

'Chaidh, a Phàdraig. Is ùrachadh atharrachadh, mar a chanas iad. Ach tha mi air ais a-nis, mar a chì thu. Fhuair mi na litrichean agad nuair a bha sinn ann an Lùchairt Spiothain, agus a-rithist ann an Obar Bhrothaig agus ann am Peairt. Ach bidh fiosrachadh ùr agad dhomh, tha mi cinnteach.'

'Tapadh leibhse, a Shir. Anns an fharsaingeachd, tha cùisean a' seasamh mar a bha iad nuair a sgrìobh mi thugaibh mu dheireadh, ged a tha naidheachd no dhà a bharrachd agam an-diugh.'

'Gu dearbh. Tha fadachd orm gus an cluinn mi mun deidhinn.' Tha an rìgh a' pasgadh a làmhan na uchd agus a' biorachadh a chluasan feuch gu dè a chanas an rùnaire.

Tha Pàdraig Paniter a' toirt sùil aithghearr orm. A bheil plathadh cràidh na shùilean?

'Anns a' chiad dol-a-mach, a Shir, am faod mi a ràdh gu bheil feachd mòr cruinn còmhla, feachd nach fhacas a-riamh ann an eachdraidh na dùthcha againn. Tha fir Lodainn an Iar agus fir-airm Iarla Hunndaidh air campa a dhèanamh air a' Bhurgh Muir. Mar a sgrìobh mi anns an treas litir agam thugaibh, tha an Comte d'Aussi air tighinn às an Fhraing le buidhinn bhig de shaighdearan Frangach – tha iad ag ionnsachadh sgilean nam pìcean fada do na fir againne an ceartuair. Tha fir Lodainn an Ear, nan Crìochan, Fìobha agus Siorrachd Aonghais a' dèanamh air Ellem Kirk. Bidh na feachdan seo a' tighinn còmhla aig Ellem Kirk mus tèid sinn thairis air Abhainn Thuaidh.'

'Ach tha fios agam air sin mar-thà, a Phàdraig.'

'Tha, a Shir.' Tha an rùnaire a' dèanamh casad beag. 'Tha mi air cluinntinn o chionn ghoirid gun tàinig droch fhortan air a' Mhorair Hume fhad 's a bha e air an t-slighe air ais bho Shasainn gu Alba. Bha fios agaibh...?'

'Bha. Bha,' tha an rìgh a' freagairt. 'Bha fios agam gun robh e na chabhaig slaic a thoirt air muinntir Northumberland. Nach deach e thairis air Abhainn Thuaidh le fir-airm aig toiseach a' mhìos seo?'

'Chaidh. Ach, air an t-slighe air ais leis a' chreach a thog iad, rinn buidheann de na Sasannaich feall-fhalach orra ann an àite ris an canar Millfield Plain. 'S e an Ridire Uilleam Bulmer a bha os an cionn, air iarrtas Iarla Surrey. Rinn na fir-bhogha Shasannach milleadh mòr air fir a' Mhorair Hume.'

'Agus am Morair Hume fhèin?'

'Theich esan ach chaidh mòran de a chompanaich a ghlacadh – a bhràthair, an Ridire Seòras, agus am Morair MacIain nam measg. Chaill e mu chòig ceud fear, a' mheirghe aige... agus a' chreach air fad a thog e.'

'Cuin a thachair seo?'

'O chionn còig latha, a Shir.'

'Còig latha?' Tha guth an rìgh ga dhèanamh follaiseach gu

bheil diomb air. 'Ach cha tuirt thu facal rium gus an-dràsta?'

'Cha robh fios cinnteach agam gus an-dè. Bha sibh ann an Sruighlea còmhla ris a' bhanrigh, agus cha robh mi airson cur ris an uallach agaibh.'

'Cha robh thu airson cur ris an uallach agam!'

'Cha robh, a Shir.'

'Agus a bheil cùisean a bharrachd nach robh thu airson innse dhomh a chum 's nach cuireadh tu ris an uallach agam?'

Tha mailghean an rìgh a' teannachadh ri chèile. Tha e a' tachais craiceann a làimhe clìthe agus a' gnogadh air an làr le bàrr a choise.

'Tha rud eile agam ri innse dhuibh ach chan eil mi mionfhiosraichte mu dheidhinn…'

'Innis dhomh na tha agad, ma-thà.'

'An cabhlach Albannach, a Shir. Bha e a' seòladh chun na h-àird' a deas, agus a' dèanamh astar math air an t-slighe don Fhraing sìos taobh siar na h-Alba.'

'A Phàdraig! Tha fios agam…'

'Chuir Seumas Hamilton, Iarla Arainn, stad air a' chabhlach ann an Loch Bheul Feirste agus rinn e ionnsaigh an aghaidh Caisteal Charraig Fhearghais le gunnaichean-mòra nam bàtaichean-cogaidh.'

Tha an rìgh air a chois anns a' bhad. 'Seumas! A bheil e às a rian? Cò thug dha an t-ùghdarras airson an ceum seo a ghabhail?'

Tha an rùnaire ag èirigh air a chasan cuideachd, 'Gabhaibh mo leisgeul, a Shir, ach nach sibh fhèin a shuidhich e mar Cheannard a' Chabhlaich?'

Tha an rìgh a-nis a' ceumnachadh thuige agus bhuaithe anns an t-seòmar.

'A Shir…'

'Na cluinneam an còrr mu dheidhinn, a Phàdraig, ach seo. Càit' a bheil an cabhlach an-dràsta?'

'Air acair far oirthir Shiorrachd Àir, agus a' gabhail an lòin air bòrd, a rèir an fhios a th' agam.'

Le brag, tha an rìgh a' bualadh a bhas, a' cur clisgeadh air an rùnaire agus ormsa.

'Càit' a bheil an Ridire Anndra Wood?'

''S ann an Dùn Èideann a tha…'

'Cuir fios air gun dàil, mas e do thoil e. Tha mi a' dol a dh'iarraidh air falbh na dheann a bhaile Àir. Bidh esan a' gabhail thairis bho Iarla Arainn mar Cheannard a' Chabhlaich! Agus bidh Iarla Aonghais na fhear-taice dha. Cuir teachdaire thuca. Gun dàil!'

'A Shir.' Tha an rùnaire a' cromadh a chinn mus tionndaidh e chun an dorais.

'Mura h-eil rud sam bith eile a bha thu leisg gu innse dhomh!' Tha an rìgh a' cur a chùil ri Pàdraig Paniter.

Tha an Rìgh a' bruidhinn ris an Amadan

'An do rinn mi mearachd nuair a chaidh mi a Bhaile Dhubhthaich, a Thòmais? A rèir na chuala sinn feasgar an-diugh, 's e fear air an stiùir a bha a dhìth fhad 's a bha mise air mo chuairt. Cò air a bha Seumas Hamilton a' smaoineachadh? An co-ogha agam! Bha fios aige gum feumadh an cabhlach oirthir na Frainge a ruigsinn cho luath 's a ghabhadh. Bidh mi ag iarraidh mìneachadh bhuaithe aig deireadh an latha. Agus Hume! An do thuit e ann an ribe anns an sgìre aige fhèin? Is gann a ghabhas e cheidsinn. Tha cuimhne agam air turas a sheas mi fhìn air Millfield Plain. Tha preasan bealaidh am pailteas ann a bheireadh àiteachan-falaich do dh'fhir-bhogha, ach is cinnteach gun do chuir Hume beachdairean air thoiseach air fhèin. Agus tha e gu math eòlach air a' chruth-tìre. Ciamar fon ghrèin ghil…?'

'S fheàrr dhomh cumail nam thost. Chan eil feum air facal bhuamsa.

'Tha aon rud ann a tha follaiseach dhomh. Feumaidh mi a

bhith a' cumail smachd air gnothaichean à seo suas. Feumaidh mi bhith aig ceann an airm. Mar a thuirt an Rùnaire Paniter, bidh am feachd againn nas motha na arm a chunnacas a-riamh ann an eachdraidh na dùthcha. Ach is math a tha fios agam nach e meud an airm tùs is èis a' ghnothaich. A bheil cuimhne agad air na rinn Gideon anns a' Bhìoball? Ruaig agus sgrios e feachd mòr mòr nam Midianach agus cha robh aige ach buidheann-armaichte bheag. Bha mi a' meòrachadh air a' chunntas seo o chionn ghoirid. Cha robh ach trì ceud fear aige, ach b' iadsan na fir a bu chalma trèine a tharraing claidheamh ann an Israel. Bha iad cho èasgaidh a bhith a' cogadh airson saorsa na dùthcha aca agus rinn iad sabaid mar dhaoine a bha suidhichte air buaidh a thoirt a-mach.

'Chan eil mi dall no aineolach. Chan ionnan feachd Ghideon agus feachd na h-Alba. Ò, tha saighdearan matha againn, gun teagamh, ach bidh an àireamh cheudna ann nach bi sgileil leis a' chlaidheamh idir. Agus feumaidh mi gabhail ris cuideachd gum bi feadhainn ann a chuirear air theicheadh le fuaim duilleig air chrith gun luaidh air uamhann blàr a' chogaidh.'

'Tha mi den bheachd, a Shir, gum bi an dìlseachd aca dhuibhse gan neartachadh.'

'Tapadh leat, a Thòmais. Tha mi an dòchas gu bheil thu ceart. Ach bidh feum againn air còrr is dòchas air latha a' chatha. Rinn Pàdraig Paniter iomradh air a' Chomte d'Aussi agus fir ealanta nam pìcean fada a tha fo a ùghdarras. Is math mo chuimhne air an latha a choimhead mi air buidhinn den aon seòrsa, agus iad a' taisbeanadh an cuid sgilean. Dh'fhàg iad làrach mhòr orm. Agus chuala sinn mar a sguab sioltroman nam fear-pìc air falbh an nàmhaid air blàran na Roinn Eòrpa. Cha sheasadh arm sam bith nan aghaidh. Ach tha fir a' Chomte air a bhith a' cleachdadh nam pìcean fad am beatha, cha mhòr, agus is beag an ùine a bhios againn an t-arm Albannach ionnsachadh anns a' mhodh aca. Bidh an Comte mothachail air seo. Chan eil iongnadh orm idir gu bheil e an sàs anns an obair bho mhoch gu dubh.'

Tha mailghean an rìgh a' teannadh ri chèile a-rithist.

'Tha diomb orm a thaobh an Rùnaire Paniter. Bu chòir dha a bhith air fios a leigeil dhomh mu na… tubaistean seo. B' àbhaist dhomh a bhith ag earbsadh às. Ach chan eil mi a' gabhail ris an leisgeul aige – nach robh e airson cur ris an uallach agam agus mise còmhla ris a' bhanrigh! An e leannain òga a tha annainn? Feumaidh gach pìos fiosrachaidh a bhith agam à seo suas. An do chuir mi sin an cèill gu soilleir?'

'Chuir, a Shir.'

'Tuigidh tu gun robh còmhradh ann eadar mi fhìn agus a' bhanrigh. Tha i dìleas dhomh, gun teagamh, ach bha i gam shàrachadh le sgeulachdan faoine. Tha aislingean air a bhith ga buaireadh – chuala tu facal orra tha mi cinnteach?'

'Tha iad ann am beul a' bhaile, a Shir, tha mi duilich a ràdh.'

'Tha i a' sìor fhàs troimh-a-chèile, agus chan eil seo na chuideachadh dhomh idir. Bu chòir dhuinn a bhith a' seallainn romhainn le misneachd. Cha bhi duine sam bith gam thoirt a thaobh. Feumaidh sinn ionnsaigh a thoirt air caistealan agus bailtean air taobh thall Abhainn Thuaidh mus till sinn dhachaigh. Feumaidh sinn ar neart a thaisbeanadh do na Sasannaich. Nan tigeadh e gu blàr fosgailte chuireamaid ruaig orra, mar mholl fa chomhair na gaoithe…'

Air chall na chuid smaointean, tha an rìgh a' tionndadh a choimhead air na pàipearan air a' bhòrd a-rithist. An dèidh greis, tha e a' togail a chinn. 'Mòran taing, a Thòmais, agus beannachd leat.'

Twizelhaugh
Fèill Sancti Irchardi, Easbaig agus Aidmheilear
(Didòmhnaich 24 an Lùnastal 1513)

CHA BU LUAITHE a ràinig sinn an campa aig Twizelhaugh na dh'iarr na h-àrd-uaislean air an rìgh Comhairle-chatha a chumail. Bhon a bha Caisteal Twizel air a sgrios le gunnaichean-mòra an rìgh ann an 1497, bidh a' chùirt rìoghail fo chanabhas a-nochd. Bidh a' chomhairle ga cumail ann am pùball an rìgh.

Cha mhòr gum faigh mi air na faclan a bheir iomradh air na h-iongantasan a chunnaic mi thar nan còig latha bhon a dh'fhàg sinn Dùn Èideann. Air Latha Fèill Naoimh Mhagnus, chaidh gunna-mòr a losgadh agus thòisich an t-arm a bha cruinn còmhla air a' Bhurgh Muir air an t-slighe chun na h-àird' a deas. Bha cuid de ghunnaichean-mòra an rìgh air an rathad mar-thà agus bha fear no dhà eile deiseil gu falbh. Tràth anns an fheasgar, bha a' chùirt rìoghail air muin eich, an rìgh aig a ceann, agus thog sinn oirnn.

Cha b' fhada gus an robh sinn a' dol seachad air an arm. Air thoiseach oirnn, bha sealladh drùidhteach ann – mìltean de dh'fhir-airm, feadhainn dhiubh air muin eich, càch a' coiseachd, agus sluagh mòr de bhoireannaich agus de chloinn gan leantainn. Bha carbadan gun àireamh ann, a' giùlan nan nithean feumail don arm.

Eadhon mus do ràinig sinn Haddington, chaidh sinn seachad air an fhear a bu shlaodaiche de na gunnaichean-mòra. Mus fhaiceamaid an gunna fhèin, ge-tà, bha againn ri dhol seachad air carbadan a' giùlan baraillean fùdair-ghunna agus urchrach, agus an uair sin seachad air a' chrann-togail agus a' charbadgunna, gach fear dhiubh air a tharraing le paidhir dhamh. Mu dheireadh thall, thàinig sinn chun a' ghunna-mhòir air carbad tomadach. Bha còig daimh air fhichead ga tharraing air adhart – bha còig daimh a bharrachd air an cuingealachadh air a chùlaibh gus casg a chur air agus e a' dol sìos am bruthach. Air thoiseach air a' ghunna, bha sgioba ris an canadh iad saighdearan-tochlaidh – bhiodh iad a' dèanamh an rathaid rèidh còmhnard dha. Chunnaic sinn an dearbh rian uair agus uair – dh'fheumadh gach aon de na gunnaichean-mòra ceud fear agus deich daimh air fhichead a bhith a' frithealadh dha, gun luaidh air na h-eich. Bha fios aig an rìgh gun toireadh na gunnaichean còig latha faighinn thairis air Monaidhean Lammermuir agus an uair sin chun na h-àird' an ear-dheas gu Duns.

Bha an turas againn fhìn mòran na bu luaithe agus na bu chofhurtaile. Taobh a-staigh dà latha, bha sinn aig Ellem Kirk faisg air Duns, an t-àite-cruinneachaidh mu dheireadh againn ann an Alba, deich mìle tuath air a' chrìch le Sasainn. An seo air an fhaiche, thàinig an t-arm air fad còmhla ri chèile. Mar a bha sinn an dùil, bha feachd ro mhòr ann agus ceudan de bhrataichean a' siabadh anns a' ghaoith. Tha mi cinnteach gun deach togsaid no dhà leanna fhosgladh an oidhche ud, ach bha fios aig na h-uile gum biomaid a' dol thairis air Abhainn Thuaidh an ath mhadainn. Cha bhiodh oidhche na pòitearachd ann.

Bha an t-arm air a roinn na bhuidhnean airson gum biodh iad a' dol tarsainn air an abhainn mhòir gu luath, sàbhailte faisg air an t-Sruthan Fhuar. Ann an Sasainn, mharcaich a' chùirt rìoghail chun na h-àird' an ear gu Twizelhaugh, mu thrì mìle air falbh bho Chaisteal Norham. Mar sin dheth, bhiomaid ann an àite math airson a dhol thairis air an drochaid ghrinn, àrd os chionn uisgeachan domhainn dorcha Abhainn Twill.

***

Tha na pearsachan-eaglais agus na h-àrd-uaislean a' nochdadh fear an dèidh fir ann am pùball an rìgh. An dèidh dhaibh an glùn a lùbadh don rìgh, tha iad a' roghnachadh an àite as cofhurtaile a bhith nan seasamh – cha tèid na seann fholachdan à cuimhne a dh'aindeoin an t-suidheachaidh anns a bheil sinn. A' cuartachadh na cuideachd le mo shùil, cha chreid mi nach b' i seo a' chòmhdhail Albannach a b' uaisle agus a bu mhotha a thàinig a sheasamh air talamh Sasannach a-riamh. Tha mi ag aithneachadh Alasdair, mac an rìgh, agus am measg nan àrd-uaislean aithnichidh mi Iarla Hunndaidh, am Morair Hume, dithis mhac Iarla Aonghais, Seòras agus Uilleam, Iarla an Leamhnachd, Iarla Mhontròis, Iarla Earra-Ghàidheal, Iarla Erroll agus Iarla Bhoth Chluaidh, Morair Pàdraig Liondsaidh nam Bàthaichean agus ceannard nam fear-pìc Frangach, an Comte d'Aussi. Tha grunn dhaoine ann nach aithne dhomh, ge-tà. Tha fear dhiubh na sheasamh gu h-uaibhreach na aonar – gheibh mi a-mach gur esan Giles Musgrave, fear nan crìochan aig a bheil fios mionaideach mun sgìre seo. Bidh esan thar luach do ro-innleachdan an rìgh.

Nuair a tha a h-uile duine an làthair, tha an rìgh ag èirigh air a chasan, 'A dhaoin' uaisle, tha mi air mo dhòigh ur faicinn an seo. Mar a tha fios agaibh, tha sinn nar seasamh air talamh Northumberland air adhbhar àraidh. Tha sinn a' dol a thoirt seachad teachdaireachd a nì mac-talla ann an cùirtean rìoghail na Roinn Eòrpa, teachdaireachd a chuireas stad air Eanraig Shasainn agus air an ionnsaigh mhì-chiataich a tha e a' dèanamh air ar co-oghaichean uasal, Rìgh Louis agus Banrigh Anna na Frainge.

'Seallaibh air seo.' Tha an rìgh a' togail a làimhe deise. 'Tha an fhàinne-tofais seo na comharradh air a' chàirdeas bhlàth a tha ann eadar na dùthchannan againn – an t-aon chàirdeas a bha ann fad linntean. Chuir a' Bhanrigh Anna an fhàinne seo thugam agus dh'iarr i orm a dhol trì troighean a-steach don talamh Shasannach às a leth. Rinn sinn sin mar-thà, mar a thuigeadh sibh, ach tha duaisean nas glòrmhoire air m' inntinn.

Bidh cuimhne aig cuid agaibh air a' bhriseadh-dùil a fhuair mi nuair nach do shoirbhich leinn Caisteal Norham a ghlacadh an turas mu dheireadh a bha sinn anns an sgìre seo. Aig an àm, roghnaich sinn tilleadh a Dhùn Èideann seach seasamh an aghaidh arm Iarla Surrey, agus e a' tighinn na chabhaig gus an caisteal a shaoradh. An turas seo, tha feachd gun choimeas againn agus gunnaichean-mòra nach fhaicear a leithid anns an Roinn Eòrpa. Nan tigeadh feachd Sasannach nar n-aghaidh, thigeadh e. Cha bhi sinn a' tilleadh a Dhùn Èideann gus am bi sinn làn sàsaichte gun do choilean sinn na nithean air an robh sinn ag amas.

'Ach tha mi ro luath! Gabh mo leisgeul, a Chomte d'Aussi. A dhaoin' uaisle, am faod mi ur cur an aithne ar caraid às an Fhraing.'

Tha an rìgh a' comharrachadh an Fhrangaich a tha ga fhreagairt le ùmhlachd shnasmhoir. Tha na h-Albannaich a' toirt sùil air gu ceasnachail.

'Cha tàinig e thugainn na aonar. Thug e leis dà fhichead fear-pìc aig àird' an comais air cleas-cogaidh. Bidh iad a' cur ar cuid sgilean am feabhas leis an inneal-cogaidh shònraichte aca agus a' toirt taic dhuinn. Tha mi an dòchas gun cuir sibh fàilte is furan air a' Chomte.'

Mus bi cothrom aig na h-uaislean nas sine facal a ràdh, tha am fear òg am Morair Pàdraig Liondsaidh a' gabhail ceum air adhart. Na sheasamh air beulaibh a' Chomte, tha e a' togail a bhonaid far a chinn le a làimh dheis agus ga cur thairis gu a làimh chlì. Le a chois dheis air thoiseach, tha e a' dèanamh ùmhlachd dhomhainn aig a mheadhan fhad 's a tha a làmh dheas a' cuartachadh gu grinn.

'Monsieur!' tha e ag ràdh.

Tha an rìgh a' gàireachdainn a-nis, a' feuchainn ri ùmhlachd nas maisichte buileach a dhèanamh dhàsan. Tha am fealla-dhà a' còrdadh ris a h-uile duine – tha iad ri mire airson greis. Nuair a tha an spòrs seachad, 's e Iarla Hunndaidh a tha ag iarraidh bruidhinn. 'Gabhaibh mo leisgeul, a Shir, ach am bi feum agaibh air seanalairean fo ur stiùireadh?'

'Bithidh, a Sheòrais. Tapadh leat. Bidh feum agam air seanalairean leis na tha ann de shaighdearan an seo. Tha làn dùil agam gum bi mi a' roghnachadh fhear às a' chuideachd seo chum taic a thoirt dhomh anns an dòigh sin. Bidh mi a' meòrachadh air a' chuspair anns na làithean a tha romhainn.'

'S e Iarla Mhontròis an ath fhear a tha a' bruidhinn, 'Leis na thuirt sibh na bu tràithe, a Shir, am bu chòir dhuinn a bhith gar deasachadh fhìn gus seasamh an aghaidh nan Sasannach ann am blàr fosgailte?'

'Bu chòir. Bu chòir dhuinn a bhith deiseil airson sin, a Ghreumaich. Ach, mar a tha fios agad, tha an t-arm Sasannach anns an Fhraing an-dràsta a' cur sèist air baile Therouanne. Cha robh air fhàgail ann an Sasainn ach Iarla Surrey chum a' chrìoch seo a dhìon. A rèir an fhiosrachaidh a tha agam, tha e ann am Pontefract an-diugh. Ged a tha e na sheann duine, 's e seanalair air leth math a tha ann, agus tha mi cinnteach gun tig e gu Northumberland gun dàil nuair a chluinneas e gu bheil an t-arm Albannach an seo. Togaidh e arm Sasannach a bheireadh taic dha, gun teagamh, ach dè an seòrsa airm a bhios ann, chan urrainn dhomh a ràdh.'

Tha Iarla Earra-Ghàidheal a' dèanamh ùmhlachd mhodhail mus bruidhinn e ris an rìgh, 'A Shir. Tha mi a' dèanamh tagradh ribh às leth nan àrd-uaislean a tha nan seasamh nur làthair an-diugh. Tha iarrtas againn, iarrtas a chaidh iarraidh air na sinnsearan agaibh anns na làithean a dh'fhalbh ann an suidheachaidhean àraidh mar seo. Nan tuiteadh fear againn air blàr a' chogaidh, an deònaicheadh sibh dhuinn Achd a' Chead, a shaoradh ar n-oighreachan bho na cìsean àbhaisteach a leanadh am bàs?'

'Dheònaicheadh gu dearbh, a Mhic Cailein. Ach tha iongnadh orm gu bheil thu a' tighinn thugam leis a' cheist seo cho tràth anns an latha. Chan eil mi cinnteach am bi blàr fuilteach ann. A bheil thu a' bruidhinn, ann an da-rìribh, airson na cuid as motha de na h-àrd-uaislean?'

'Tha, a Shir.' Tha iomadh ceann a' gnogadh air feadh na cuideachd.

Tha an rìgh a' leigeil osna às. 'A Rùnaire, an deasaicheadh tu na pàipearan a chum 's gun cuir mi m' ainm riutha?'

Tha ruadhadh air tighinn do ghruaidh mo mhaighstir. 'Mus gabh thu ceum air ais, a Mhic Cailein, am mìnicheadh tu dhomh carson a chuir thusa agus na companaich agad an t-iarrtas seo air adhart aig an àm seo?'

'Chuala sinn uile, a Shir, mun ghuth a labhair aig Crois na Margaid an oidhche mus do dh'fhalbh sinn à Dùn Èideann. 'S i bàirlinn bho Phlutoc, an diabhal, a bh' innte. Bhiodh againn ri coinneachadh ris taobh a-staigh dà fhichead latha. Tha mòran dhiubh a chaidh ainmeachadh leis nan seasamh an seo.'

Chì mi gu bheil an rìgh ga chumail fhèin fo smachd mar as fheàrr as urrainn dha.

'Uill tha iongnadh orm, a dhaoin' uaisle. Tha iongnadh orm air a' bhaoghaltachd agaibh. Taobh a-staigh dà fhichead latha? Nach math gum bi an diabhal ag obair a rèir reachdan an lagha Albannaich? Agus nach do rinn an aon ghuth iomradh air an ainm agam fhìn? Is cinnteach gun robh saighdear air mhisg ri spòrs, nach robh?'

Tha sàmhchair dhomhainn ann airson greis. Tha i air a briseadh le Iarla Earra-Ghàidheil a-rithist, 'Ach am fear gorm a nochd ann an Eaglais Naoimh Eòin ann an Gleann Iucha, a Shir. An robh cuideigin ri spòrs an uair sin? Thathar a' creidsinn – agus tha mi a' cur an cèill smaointean gach fir anns a' phùball seo – gum b' esan a b' adhbhar don taistealachd agaibh a Bhaile Dhubhthaich.'

Tha an rìgh a' coimhead gu geur air an talamh eadar a dhà chois. Chan fhada gus am bi am fùdar ga lasadh.

Gu fortanach, 's e Pàdraig Paniter an ath ghuth a chluinnear, 'Am faod mi freagairt às ur leth, a Shir?'

'Ò carson nach freagair? Gabh air adhart, mas e do thoil e!'

'Na biodh cabhag oirbh creidsinn,' tha an rùnaire ag ràdh, 'gum b' e am fear gorm a dh'adhbhraich taistealachd an rìgh.

Bhon toiseach, bha e follaiseach gum b' e cleas a bh' ann. B' e cleasaiche a labhair faclan an Naoimh Eòin, ma b' fhìor. Chan eil sinn buileach cinnteach cò bha air cùlaibh na h-innleachd ach tha duine no dhà fo ar n-amharas. Bha iad a' feuchainn ri ar claonadh far na slighe a bha romhainn. Cha do shoirbhich leotha. Cha bu chòir dhuinn a bhith a' toirt feart orra tuilleadh.'

A rèir coltais, tha ciùineas air tilleadh do dh'aigne an rìgh. 'Tapadh leatsa, a Rùnaire.'

A-nis 's e Iarla Earra-Ghàidheal a tha a' coimhead air an talamh fhad 's a tha e a' gabhail ceum air ais.

'A dhaoin' uaisle,' tha an rìgh a' leantainn air, 'am bu chòir dhuinn stad a chur air ar co-labhairt a-nis? Bruidhnidh mi ribh, gach fear fa leth dhibh, nuair a thig mi gu co-dhùnadh air na seanalairean a bhios agam. Ach gabhaibh beachd air seo. Is mise, agus is mise a-mhàin, a bhios a' stiùireadh na h-ionnsaigh seo. Agus nan tigeadh blàr suidhichte gu bhith ann, is mise a bhiodh aig ceann an airm. Tha mi an dòchas gum faod mi m' earbsa a chur nur dìlseachd agus nur seasmhachd. Le cuideachadh Dhè, is sinne a bhuannaicheas.'

Tha faclan an rìgh a' còrdadh ris a' chuideachd. Aon an dèidh aoin, tha iad a' dèanamh ùmhlachd do mo mhaighstir agus a' falbh. Tha an rìgh na sheasamh, gun charachadh, ann am meadhan a' phùbaill gus nach eil ann ach sinn fhìn.

Tha an Rìgh a' bruidhinn ris an Amadan

'An robh mi ro throm air Iarla Earra-Ghàidheal agus a chompanaich, a Thòmais?'

'Cha robh, a Shir. Nam bheachd-sa.'

'Tha fios agam gun do dheònaich rìghrean na h-Alba Achd a' Chead do na h-àrd-uaislean ro mo linn-sa: dh'aontaich am Brusach ris ro Bhlàr Allt a' Bhonnaich, mar eisimpleir. Ach chuir e iongnadh orm an t-iarrtas a chluinntinn an-diugh. Tha sinn air ùr-thighinn air talamh Shasainn agus chan eil an nàmhaid air fàire. Agus fiù 's nam bitheadh, carson a bhiodh na h-àrd-uaislean an dùil ri call mòr? Taibhsean agus bòcain! Bha mi an dòchas a bhith gam brosnachadh chum cath ach chuir iad stad orm.'

Tha e a' crathadh a chinn, 'Tuigidh mi an t-eagal aca, gu ìre. Tha e air tighinn a-steach orra gu bheil tuilleadh san amharc na sèist a chur ri caisteal no dhà, agus am feachd againn cho mòr. Tha iad air dèanamh dheth gu bheil mi airson ceum no dhà a ghabhail air adhart air an adhbhar a thòisich o chionn còrr is dà cheud bhliadhna nuair a dhiùlt na h-Albannaich mionnan-strìochdaidh a thoirt do rìghrean Shasainn.

'Chan eil mi aineolach air eachdraidh ar dùthcha, no air na làithean dosgainneach a bha ann nuair a thàinig an t-arm Albannach an coinneamh an airm Shasannaich an taobh seo de dh'Uisge Thuaidh: tha ainmean mar Alnwick, Halidon Hill agus Neville's Cross a' tighinn gu bàrr nam cheann anns a' bhad.

'Dh'fheumadh rìgh sam bith stad agus beachd a ghabhail air a rùintean fhèin nuair a chuimhnicheadh e air a' chall a thachair air na làithean ud. Ach chan ionnan an-diugh agus an-dè. Tha feachd mòr againn agus cò a sheasas nar n-aghaidh? 'S i a' Bhanrigh Katherine leas-rìgh agus riaghladair Shasainn. Tha ise ann an Lunnainn. Cuiridh i Iarla Surrey nar n-aghaidh – fear a tha cho làn cràidh leis an lòinidh 's nach eil comas aige suidhe air dìollaid. Tha spèis mhòr agam dha leis na tha aige de dh'eòlas-catha, ach dè a dhèanadh an t-arm aige rinne?

'A thuilleadh air sin, nach tug an taistealachd a Bhaile Dhubhthaich adhbhar misneachd na bu mhotha buileach dhuinn. Ma thig latha a' bhlàir fhosgailte, bidh an Dia uile-chumhachdach a' seasamh ar cùise. Bidh Esan còmhla rinn fhad 's a bhios sinn a' saltradh sìos ar nàimhdean. Bidh mi ag ùrnaigh ris an Òigh Muire agus ris an Naomh Dubhthach – bidh iadsan a' dèanamh eadar-ghuidhean às ar leth fa chomhair Cathair a' Ghràis. Cò a bhiodh teagmhach gun tèid an latha leinn?'

'Tha mi a' dol leibh, a Shir,' tha mi ag ràdh. ''S ann leis an

Tighearna a h-uile càil.'

Tha an rìgh na thost a-nis, agus a shùilean dùinte. Gu follaiseach, tha e a' meòrachadh air cuspairean domhainn. Seo mar a thachras gu tric aig deireadh latha dheuchainnich. Is esan a bhios a' bruidhinn agus is mise a bhios ag èisteachd. Uaireannan bidh cothrom agam am facal ceart a chur a-staigh ann an deagh àm ach, mar as tric air oidhche mar seo, is iad briathran tearc na briathran as fheàrr.

Chan eil mi an dùil gum bi feum aig an rìgh air facal a bharrachd bhuamsa a-nochd. Ach cha do dh'iarr e orm falbh gu ruige seo. Tha mi nam shuidhe, a' feitheamh gu foighidneach.

Caisteal Norham
Dì-cheannachadh Sancti Ioannis Baptistae
(Diluain 29 an Lùnastal 1513)

AN DÈIDH CÒIG latha fo shèist, ghèill gearastan Caisteal Norham don arm Albannach an-diugh. Tha an rìgh air a dhòigh ged a b' ann cosgail an duais. Seo an caisteal as motha ann an Srath Thuaidh, na thiodhlac bho bheairteas Easbaigean Durham airson dìon na rìoghachd. Cha bhi nàire air an Easbaig Ruthall, ge-tà, nuair a chluinneas e mar a rinn an gearastan sabaid an aghaidh nan Albannach. Air an dara làimh, thèid Iain Ainslow, maor a' chaisteil, a chàineadh le cuid a chionn gun do chaith e an connadh-gunna aca ro luath, cho luath 's nach robh cothrom aig Iarla Surrey a thighinn a thoirt cobhair dha.

Thòisich na gunnaichean-mòra Albannach air ballachan a' chaisteil a phronnadh goirid an dèidh don rìgh a' Chomhairle-catha ann an Twizelhaugh a chuartachadh. Bha eòlas mionaideach aig mo mhaighstir air na ballachan agus air na h-àiteachan anns am biodh an cothrom a b' fheàrr briseadh tromhpa – bha cuimhne aige air mar a thug iad dùbhlan dha ann an 1497. Cha b' fhada gus an do rinn na clachan a thilg na gunnaichean milleadh mòr – bha dà phunnd dheug air fhichead de chuideam ann an cuid dhiubh.

Diciadain agus Dihaoine, dh'fheuch saighdearan-coise Albannach ris na ballaichean a dhìreadh ach chaidh an tilgeil air ais leis na bha ann de dh'urchairean, clachan agus ola ghoilich a' tighinn a-nuas orra. Bha Mgr Eanraig air ionad airson nan daoine leònte a shuidheachadh ann an taigh faisg air a' chaisteal agus bha e air a bhith trang a' cleachdadh nan sgilean aige air fir le cnàmhan briste agus air an fheadhainn a chaidh a sgàldadh le ola. Ged a bha beagan de dh'eagal orm, rinn mi an co-dhùnadh gum bu toil leam mo thaic a thoirt don lighiche Disathairne mus tòisicheadh an treas ionnsaigh. Bha fios agam gum biodh aire an rìgh air brosnachadh nan saighdearan-coise – cha bhithinn gu mòran feum dha.

Ghabh Mgr Eanraig ri mo thairgse anns a' bhad ged a bha cùram air mu mo dheidhinn.

'Bidh mi air mo dhòigh, a Thòmais, ach tha eagal orm gun cuir na chì thu uamhann ort. Ach ma tha thu cinnteach gum bu toil leat a thighinn, bheirinn dhut a' chomhairle seo: theirig an sàs anns an obair, ge b' e air bith dè a bhios ann, a' cur do làimhe ri lotan a ghlanadh agus a cheangal. Chan eil e furasta a bhith nad fhear-amhairc anns na suidheachaidhean seo – bidh e mòran nas fheàrr dhut a bhith trang.'

'Tapadh leibh, a Mhaighstir,' fhreagair mise. 'Nì mi nas urrainn dhomh a bhith feumail dhuibh.'

Madainn Disathairne, bha na gunnaichean-mòra rin cluinntinn a-rithist, a' pronnadh ballachan a' chaisteil mus toireadh na saighdearan-coise an treas ionnsaigh nan aghaidh. Bha fios againn gum biodh iad a' feuchainn ri briseadh a-steach mu mheadhan-latha. Chaidh mi a dh'iarraidh Mhgr Eanraig goirid an dèidh èirigh na grèine. Fhuair mi e anns an t-seòmar aig ceann shuas an taighe, a' suidheachadh a' bhùird-opairèisean aige.

'Madainn mhath, a Thòmais. Is math d' fhaicinn. Chan eil ann ach an dithis againn gu ruige seo. Mar sin dheth, bidh cothrom agam bruidhinn riut gu dìomhair. Bidh triùir fhear òga a' tighinn don taigh a dh'aithghearr. Tha iad airson a bhith nan lannsairean agus tha mi air cead a thoirt dhaibh a bhith ag obrachadh còmhla rium an-diugh. Thug dithis dhiubh taic dhomh turas no dhà roimhe seo agus mar sin bidh beagan eòlais aca air an t-seòrsa lotan a chithear an-diugh. Na bi fo iomagain nach eil eòlas air obair-lannsa agad fhèin. 'S e fear inbheach a th' annad agus bidh sin feumail dhomh – uaireannan bidh na fir òga air an cur tuathal nuair a thig an luchd-fulaing nan sreath 's nan sruth. Feumaidh sinn deagh eisimpleir a nochdadh, gar giùlan fhìn le ciùineas agus le fèin-smachd ged a bhios ar cridhe nar slugan. Ro chiaradh an fheasgair, bidh an seòmar sìtheil seo a' cur thairis le daoine. Bidh seallaidhean agus fàilidhean mì-chàilear ann. Cùm d' aire air an obair agad. Bheir mise seòladh dhut.'

Ghnog mi mo cheann gu sòlaimte.

'Rud eile. Bidh cuid de na fir leònte gan toirt an seo leis na mnathan. 'S ann thar luach na h-euchdan a nì iad ach, nuair a ghearras mi air falbh an aodach agus nuair a chì iad na lotan air an leigeil ris, bithear an dùil ri gul agus ri caoidh. Bidh e doirbh dhaibh, agus dhuinne.'

'Nì mi mo dhìcheall, a Mhaighstir. Tapadh leibh.' Dh'fhairich mi am fallas fuar a' tighinn orm.

Goirid an dèidh sin, nochd an triùir air an do rinn Mgr Eanraig iomradh: Raibeart Cruickshank, a bha timcheall air sia bliadhna deug a dh'aois – 's e bearradair-lannsair a bha na athair ann an Dùn Èideann; Uilleam Mac an Fhleisteir, a bu mhac do fhleistear anns an aon bhaile-mhòr agus a bha bliadhna no dhà na bu shine na Raibeart; agus Coinneach MacDhòmhnaill, fear a bha fichead bliadhna a dh'aois – thàinig na daoine aige à Earra-Ghàidheal. Coltach rium fhìn, bha falt ruadh air.

Thòisich Mgr Eanraig air ar dèanamh deiseil airson obair an latha. Sheall e dhuinn na barrailean beaga anns an robh fìon agus ola airson na lotan a ghlanadh. Bha bobhla làn gealagain-uighe a chleachdamaid mar chungaidh-leighis do na lotan an dèidh sin – dh'aithnich mi anns a' bhad gun robh boinne no dhà ola nan ròsan ann leis an deagh fhàileadh a bha a' tighinn às. Bha barrailean *turpentine* agus *oxycrate* ann (measgachadh de dh'uisge agus de dh'fhìon-geur) airson na h-ìoc-chòmhdaich a bhogadh. Bha na h-ìoc-chòmhdaich fhèin ann: pìosan de sheann anart maoth; caiteas a rinn am maighstir le bhith a' sgrìobadh anart le sgithinn ghèir; agus baraill làn pìosan mòintich liath.

Mu dheireadh thall, bha stiallan anairt airson na lotan a cheangal suas.

''S dòcha gun tòisich obair an latha le sgàldadh no le cnàimh briste,' ars an lighiche. 'Thoiribh sùil mar a dh'obraicheas mi orra. A Choinnich, Uilleim, bha sibhse an seo an-dè agus is math a rinn sibh. Nam biodh tòrr dhaoine leònte a' tighinn thugam an-diugh, dh'fheumadh an dithis agaibh obair còmhla air bòrd eile aig ceann shìos an taighe. Nam bithinn ag obair aig a' bhòrd seo, bhiodh sibh a' faighinn comhairle bhuam aig àm sam bith.'

Fhad 's a bha sinn a' cur an dara bùird-opairèisein air dòigh, thug sinn an aire gun robh stad air tighinn air losgadh nan gunnaichean-mòra.

'Bidh sinn a' tòiseachadh air ar n-obair a dh'aithghearr, a dhaoin' uaisle,' arsa Mgr Eanraig.

Dh'èist sinn ris na fuaimean a bha a' sìor fhàs gu bhith ro-aithnichte dhuinn – èigheach agus sgreuchail. Bha na fir òga an-fhoiseil agus thug Mgr Eanraig cead dhaibh a dhol a thoirt sùil feuch am biodh saighdearan leònte air an rathad chun an taighe.

Cha b' fhada gus an do thill na fir òga agus ann an ùine ghoirid bha seòmar an lannsair dòmhlaichte le fir agus le mnathan – bha othail uabhasach ann. Bhon toiseach, bha Mgr Eanraig ann am meadhan na h-obrach. Bhon taobh a-muigh bha e ciùin, ach dh'aithnichinn gun robh blas às an àbhaist na ghuth – bha e a' bruidhinn gu geur, daingeann, a' cumail smachd teann air na fir òga.

Thàinig dithis shaighdearan thugainn a chaidh a sgàldadh le ola ghoilich – chuir Mgr Eanraig anart bogte ann an uisge fuar air na lotan airson greis mus do sgaoil e measgachadh de mhil agus siabann orra. Cheangail e suas le stiallan anairt iad. Tharraing e saighead a-mach à gualainn saighdeir eile. An uair sin thàinig fear le gearradh fuilteach ann an craiceann a chinn – chuir e gealagan uighe agus ola nan ròsan air mus do chuir e stiall mu thimcheall, ga tarraing gu math teann. Chaidh na fir seo a laighe ann an lios an taighe far am biodh na mnathan a' toirt cùram dhaibh.

Nuair a bha sreath de dhaoine a' feitheamh oirnn, thòisich Coinneach agus Uilleam ag obair aig an dara bòrd. Bhithinn air mo chur troimh-a-chèile leis na bha ann de dh'èigheach agus de dh'fhàilidhean breuna mura b' e gun do chùm mi air chuimhne comhairle Mhgr Eanraig – chaidh mi an sàs anns an obair agam.

Cha b' e gun do cheangail sinn suas a h-uile fear a chaidh a thoirt don taigh. Bha grunn dhaoine ann – chì mi fhathast fear le crann bogha-tarsainn anns a' bhroilleach aige – a stiùir Mgr Eanraig do thaigh eile a bha faisg air làimh. Bha lotan bàsmhor orra, agus cha robh càil aige a dhèanadh e air an son ach sùgh cadalain agus uisge-beatha a thoirt dhaibh gus am fulangas a lasachadh.

Mu mheadhan an fheasgair, chaidh Iain Caimbeul a ghiùlan thugainn le a mhnaoi agus dithis bhoireannach eile. Bha plaide fhuilteach air a suaineadh timcheall air a chois chlì – a rèir na thuirt na boireannaich, chaidh a chas a bhriseadh le ball a thilg fear de ghunnaichean-mòra a' chaisteil.

Bha e follaiseach gun robh Iain, fear tapaidh a bha timcheall air deich bliadhna air fhichead a dh'aois, an impis a dhol ann an neul. Chuir sinn na laighe e air a' bhòrd-opairèisean – bha e glaisneulach agus bha fallas air. Dh'fhosgail Mgr Eanraig a' phlaide gu cùramach. Bha meall fala taobh a-staigh na plaide agus, le bhith ga gluasad, thòisich an fhuil a' sileadh. Bha an adhbrann chlì aige air a milleadh gu tur, a' chas bog gorm-liath.

Ghabh Mgr Eanraig buille-chuisle an fhulangaiche agus choimhead e air aodann le cùram. 'Sgrios am ball do chas, Iain. Chan urrainn dhomh a sàbhaladh, ach ma ghearras mi dheth i tha cothrom ann gun sàbhailinn do bheatha.'

Leig bean Iain sgread aiste.

'Tha mi duilich,' arsa Mgr Eanraig. Thionndaidh e thuice, 'Gun obair-lannsa, gheibh e bàs.'

Cha tuirt Iain Caimbeul facal. Thog e a ghàirdeanan mar gun robh e a' feuchainn ri a bhean a phutadh air falbh.

Bhruidhinn an lighiche ri Coinneach ann an guth ìosal.

'Thoir glainne uisge-bheatha dha agus faigh fear de na spongan suainealach a bhog mi ann an uisge na bu tràithe. Leig leis anail a tharraing den deatach a bhios a' tighinn às.'

Chàraich e stiall anairt timcheall air sliasaid Iain agus chuir e crios leathair air a muin.

'Feumaidh sinn an fhuil a chasgadh le bhith a' teannachadh an inneil seo ach chan fheumar a dhèanamh nas teinne na bhios riatanach. Gu ìre, bidh e a' mùchadh nam fèithean-mothachaidh – bidh sin na chuideachadh don euslainteach.'

Chuir e sia innealan air a' bhòrd far am faigheadh e grèim orra gun duilgheadas. Bha trì snàthadan ann cuideachd – bha e air snàithlean anairt a chur tromhpa na bu tràithe.

Bha Iain Caimbeul na laighe gun charachadh agus a' dèanamh srann. Choimhead Mgr Eanraig air clach na sùla aige, 'Tha clach na sùla beag. Tha sin ag innse dhomh gun d' fhuair e gu leòr de na cungaidhean-leighis a th' anns an spong. Thoir air falbh e,' thuirt e ri Coinneach. 'Feumaidh sinn an gnothach a dhèanamh gun dàil.'

Thionndaidh e thugam agus thug e dhomh còmhdach-shùilean. Bha fios agam dè a dhèanainn leis.

'A Choinnich. Gabh grèim teann air. Cleachd an cuideam agad gus nach gluais e. A Raibeirt, Uilleim. Bogaibh pìos beag anairt ann an gealagan-uighe agus pìos mòr ann an *oxycrate*. Agus bidh feum agam air stiallan anairt – trì troighean agus sia troighean a dh'fhaid.

'Iain. A bheil thu deiseil?'

Rinn am fulangaiche gnòsad.

'A Thòmais, gabh grèim air a shliasaid os cionn na glùine. Tarraing an craiceann agus na fèithean suas agus air falbh bhuam fhad 's a ghearras mi. Nuair a bhios na cnàmhan air an gearradh, bidh tu a' leigeil leis a' chraiceann tighinn sìos a-rithist gus cinn nan cnàmhan a chòmhdachadh.'

'Socraich thu fhèin, Iain.' Bha aig Mgr Eanraig ri bruidhinn gu h-àrd os cionn ùpraid an t-seòmair.

Thomhais e far an gearradh e, mu leud boise fon ghlùin.

Ghnog e a cheann thugam. Tharraing mi air a' chraiceann. Thog e sgian. Sguab e ann an cearcall i, a' gearradh a' chraicinn. Ann am priobadh na sùla thog e sgian le lann leathainn agus, le cearcall eile, gheàrr e na fèithean sìos do na cnàmhan. Leig Iain sgairt às agus dh'fheuch e ri strì an aghaidh Choinnich a bha na laighe tarsainn air, cha mhòr. Chleachd an lighiche sgian le dubhan aig a ceann gus fèith no dhà a rùsgadh far nan cnàmhan. Thog e sàbh agus gheàrr e na cnàmhan – cnàimh caol na lurgainn an toiseach agus an uair sin cnàimh mòr na lurgainn fhèin. Gun fhacal a ràdh, thog Uilleam air falbh a' chas, ga suaineadh anns a' phlaide fhuiltich a-rithist.

Bha boinneagan fallais rim faicinn air aodann an lighiche. Chuir e bàrr òrdaige deise ri cinn nan cnàmhan geàrrte, gan sgrùdadh gu faiceallach. An uair sin chleachd e inneal ris an canadh e greimeire gob feannaig. Thog e leis cuisle no dhà às an robh fuil a' sruthadh agus chuir e na snàthadan gu feum ann a bhith gan ceangal leis na snàithleanan anairt. Aig an ìre seo, bha Raibeart agus Uilleam nan seasamh ri a thaobh leis na h-ìoc-chòmhdaich.

'Fuirichibh dà mhionaid,' ars an lighiche. 'Nach fhaigh sibh an t-inneal lèigh-losgaidh dhomh? Agus biodh cuimhne agaibh na miotagan leathair a chleachdadh.'

Sheas an luchd-amhairc air ais anns a' bhad nuair a nochd Raibeart leis an inneal sin, agus e a' deàrrsadh leis an dearg-theas a bha ann.

'Leig leis a' chraiceann tighinn sìos, a Thòmais, agus fuasgail an crios leathair air an t-sliasaid.'

'Seasaibh ceum air ais,' thuirt e ris an luchd-amhairc. ''S e an solas a tha a dhìth orm.'

Chuir e a chorrag ri àite am measg nam fèithean a bha a' sileadh fala.

'Bean ri seo,' thuirt e ri Raibeart. 'Gu faiceallach! Gu faiceallach!'

Bha fàileadh na fèithe loisgte a' lìonadh an t-seòmair.

'Fòghnaidh sin,' ars esan.

Thug an lighiche ceum air ais gun a shùilean a thoirt air falbh bhon lot.

'Thoiribh dhomh an t-ìoc-chòmhdach – am fear beag a chaidh a bhogadh ann an gealagan-uighe agus ola nan ròsan.'

Rinn e pillean dheth agus chuir e anns an lot e. Chuir e am fear bogte ann an *oxycrate* air a mhuin. An uair sin thòisich e air na stiallan anairt a chàradh air a' bhall. Mu dheireadh thall, chuir e fear fada air fhiaradh gu gualainn dheis Iain. Rinn e snaidhm nan seòladairean turas no dhà airson gum biodh an t-ìoc-chòmhdach seasmhach.

'Ciamar a tha am fulangaiche?' dh'fhaighnich e de Choinneach.

'Tha e a' gabhail analach fhathast,' fhreagair e.

'Gabh a' bhuille-chuisle aige. Gheibh thu san amhaich i, dìreach ri taobh na pìob-sgòrnain aige.'

'Tha i ann, làidir cunbhalach,' fhreagair Coinneach.

'Glè mhath! An ceann mionaid no dhà, togamaid e agus càraicheamaid e air being anns an àile ghlan. A Raibeirt, dh'fheumadh tu sùil gheur a chumail air feuch am bi fuil a' tighinn tron ìoc-chòmhdach.'

Bha fàileadh an lèigh-losgaidh anns an èadhar fhathast – bha e na fhaothachadh dhomh leisgeul a bhith agam a dhol a-mach. Nuair a rinn mi sin, chuala mi gun robh na gunnaichean-mòra a' losgadh a-rithist. Bha an ionnsaigh leis na saighdearan-coise seachad airson latha eile, ged a bha triùir leònte a' feitheamh air an lighiche fhathast.

Nuair a thàinig crìoch air an obair, bhruidhinn Mgr Eanraig rium, 'Tha thu air a bhith nad thaic mhòr mhòr dhomh, a Thòmais, ach 's dòcha gum bu chòir dhut tilleadh don rìgh. Tha sgioblachadh agus glanadh rin dèanamh an seo. 'S e rud math do na fir òga an obair sin a ghabhail os làimh. Cumaidh mise sùil orra.'

'Tha e air a bhith na urram dhomh taic a thoirt dhuibh,' fhreagair mise. Cha do rinn mi iomradh air, ach b' i an fhìrinn a bha ann, gun robh mi glè thoilichte nach deach mi nam laigse leis na chunnaic mi. 'Mòran taing, a Mhaighstir.'

'Tha mi an dòchas gum bi sinn a' bruidhinn còmhla ann an ùine gun a bhith fada agus ann an àite nas sìtheile na seo,' ars esan.

Rinn mi ùmhlachd dha agus dh'fhalbh mi.

Nuair a fhuair mi lorg air an rìgh, bha coltas air gun robh e ann an deagh shunnd ged a thug e an dara taobh mi a dh'innse dhomh gun do chaill seachd fir dheug am beatha anns an ionnsaigh a bha ann. Chaidh triùir dhiubh seo a mharbhadh nuair a thuit pàirt de bhallachan a' chaisteil ar am muin. Dh'èist an rìgh ris an sgeulachd agamsa le fiamh a' bhròin air aodann. Dh'iarr e orm fuireach còmhla ris an ath latha, Didòmhnaich.

Thòisich an-diugh, Diluain, le guthan nan gunnaichean-mòra a-rithist. Bha sinn an dùil ri ionnsaigh eile air na ballachan ach, mun treasamh uair den latha, ghèill an gearastan. Ghabh an rìgh ri sin le tlachd agus thàinig Iain Ainslow, am maor, agus na saighdearan aige a-mach ann an sreath gun bhall-airm sam bith nan làmhan.

Rinn na saighdearan-coise Albannach cinnteach gun robh a h-uile rud mar bu chòir taobh a-staigh a' chaisteil mus deach na dorsan fhosgladh do dhuine sam bith. Bho na chunnaic mo shùilean fhìn, chaidh mòran creiche a thogail mus do laigh a' ghrian.

Mar a bha mi an dùil, cha do mhair toileachas an rìgh ach tamall beag. An dèidh dha a dhìnnear a ghabhail, bha e ag iarraidh bruidhinn rium.

Tha an Rìgh a' bruidhinn ris an Amadan

'Uill, a Thòmais, thug sinn buaidh air Caisteal Norham mu dheireadh thall. Bidh fios agad gur ann an seo, anns na linntean a dh'fhalbh, a dh'irioslaich Èideard Shasainn ar sinnsearan – bha aca ri sleuchdadh dha aig stòl a choise.'

Tha e na thost airson greis.

'Biodh sin mar a bhitheadh, b' i duais shearbh-mhilis a bha ann an tuiteam a' chaisteil. Chaill sinn fir-shabaid mhatha a' toirt ionnsaigh air na ballachan – tha sin a' cur sgleò air an toileachas agam. Agus cha bhi Easbaig Durham air a dhòigh nuair a chluinneas e dè a thachair.

'Ach 's i teachdaireachd a tha ann, teachdaireachd gu Eanraig Shasainn agus Iarla Surrey a nochdas cumhachd an airm Albannaich an turas seo. Tha mi dìreach air a chluinntinn gun do dh'fhalbh Iarla Surrey agus na saighdearan aige à York an-dè. Bidh e ann an Durham a dh'aithghearr a' toirt a chofhaireachdainn don easbaig a bheir dha, gun teagamh, bratach Naoimh Chùithbeirt. Thathar ag ràdh nach do chaill an t-arm Sasannach an latha a-riamh fhad 's bha iad a' giùlan na brataich sin air blàr a' chogaidh. Bu toil leam stad a chur air an uirsgeul sin.'

Tha e a' leantainn air ann an guth sòlaimte, 'Cha chreid mi nach eil a' bhuaidh againn air misneachd a thoirt don fheachd Albannach, ged a chuala mi nach do chòrd i ris a' Chomte d'Aussi. B' fheàrr leis-san gum bithinn air cumail orm a' pronnadh ballachan a' chaisteil leis na gunnaichean-mòra mus cuirinn na saighdearan-coise an sàs anns a' ghnothach. A thuilleadh air na mairbh, bha leth-cheud saighdear air an droch leòn – cha bhi iad a' tarraing claidheamh a-rithist airson ùine mòire. Tha mi an dòchas gun atharraich beachd an Fhrangaich, ge-tà – tha spèis mhòr agam dha.

'Tha rud eile gam chur fo iomagain. Cha chuala mi mòran mu bheachdan nan àrd-uaislean an dèidh na Comhairle-catha a bha againn ann an Twizelhaugh. 'S dòcha gun robh còmhradh air a bhith ann eatarra ach cha tàinig fiù 's aon fhear aca a bhruidhinn riumsa. Tha an t-sàmhchair mì-nàdarrach. A bheil eagal orra bruidhinn rium a-nis? No a bheil iad an-fhoiseil mu bhlàr fosgailte ann an Sasainn? Tha fios agam nach eil fear dhiubh, ged a bhiodh ceann liath air no nach biodh, a sheas an aghaidh nan Sasannach ann am blàr suidhichte. Sin dìreach tè de na laigsean aig an arm Albannach a tha agam ri chur air mheidh.

'A-màireach, ge-tà, feumaidh sinn tionndadh gu gnothaichean eile – ri sèist a chur ri caistealan Etal agus Ford ann an srath Till. Agus feumaidh mi beachd a ghabhail air na seanalairean a chuireas mi os cionn roinnean den arm. Mar a thuigeas tu, bidh seo a' cur dùbhlan ris a' chrìonnachd agam. Feumaidh mi a bhith cothromach agus, aig an aon àm, a bhith ag aithneachadh uaibhreas nam fineachan uasal agus a' ghamhlais a tha ann eatarra.

'Agus dè mu dheidhinn a' Chomte d'Aussi? Feumaidh mi feuchainn ris an spèis a bha aige dhomh ath-thogail. Fad dà latha, cha chuala mi facal bhuaithe gu dìreach. Saoil a bheil e air a bhith gam sheachnadh?'

'Ò chan eil, chan eil, a Shir,' tha mi a' freagairt. 'Tha e air a bhith trang ag obair leis na saighdearan. Tha meas mòr aige oirbh.'

''S dòcha gu bheil thu ceart.' Tha an rìgh ag èirigh air a chasan.

'Tha mi an dòchas gum faigh thu cadal math a-nochd, a Thòmais. Le Caisteal Norham fo ar smachd, 's dòcha gum faigh mi fhìn beagan cadail cuideachd.'

Caisteal Ford
Oidhche ro Charachadh Sancti Cuthberti,
Easbaig agus Aidmheilear
(Disathairne 3 an t-Sultain 1513)

BHON A FHUAIR sinn smachd air Caisteal Norham, tha an t-sìde air a bhith mosach – fliuch fuar agus gaothach. A dh'aindeoin sin, ghluais an t-arm suas srath Till gun duilgheadas sam bith: ghèill Caisteal Etal mus robh cothrom aig an rìgh air na gunnaichean-mòra a losgadh; agus cho luath 's a ràinig sinn ballachan Caisteal Ford, chuir a' bhaintighearna, a' Bh-Uas Elizabeth Heron, teachdaire thuige a dh'iarraidh air tròcair a nochdadh dhi. Is beag an t-iongnadh gun do ghabh an rìgh ris an iarrtas seo, agus e na dhuine ridireach. Chòrd Caisteal Ford ris gu ìre cho mòir 's gun do rinn e an taigh na phrìomh-àros aige. Tha ceathrar againn air a bhith a' fuireach ann fad trì latha: an rìgh, Alasdair, mac an rìgh, an Rùnaire Paniter agus mi fhìn. Tha an caisteal cofhurtail an coimeas ris na pàilleanan anns an t-sìde fhlich seo agus tha sinn air a bhith a' mealtainn biadh blasta.

'S ann duilich a tha suidheachadh na M-Uas Heron – ged nach ise as coireach, tha i ga faighinn fhèin an sàs ann an tè de na connspaidean leantainneach a tha ann eadar Alba agus Sasainn. Tha i pòsta aig an Ridire Uilleam Heron, agus b' e an leth-bhràthair dìolain aigesan, Iain Heron, a mhurt an Ridire Raibeart Ker air latha fosadh-aimhreite. Nuair a fhuaradh a-mach an gnìomh oillteil a rinn e, theich Iain Heron gu taobh a deas Shasainn. Chan eil mi cinnteach an robh na Sasannaich neo-chomasach no aindeònach am murtair a thoirt seachad dhuinn, ach thug an Rìgh Eanraig a Seachd an Ridire Uilleam

Heron seachad do mo mhaighstir mar bhràigh. Tha am fear mì-fhortanach seo air a bhith ga chumail fo ghlais ann an Caisteal Fast fad mòran bhliadhnaichean – agus 's e caisteal gruamach a tha ann, na sheasamh air mullach bearraidh chais air oirthir Siorrachd Bhearaig. Ged a tha e eòlach air suidheachadh a pheathar-chèile agus caisteal a bhràthar, chan eil sgeul air an trustair Iain Heron.

'S e boireannach brèagha a tha anns a' Bh-Uas Heron, timcheall air an aon aois ris an rìgh. A thuilleadh air sin, tha nighean àlainn aice, Judith, a' teannadh air fichead bliadhna a dh'aois. Agus chanainn-sa, àrd-inbhe anns an Eaglais ann no às, gu bheil an nighean sgiamhach seo air Alasdair, mac an rìgh, a chur fo gheasaibh – fhad 's a bhios sinn a' gabhail ar bìdh còmhla anns an fheasgar, chan urrainn dha a shùilean a thoirt dhith.

A rèir na chuala mi, tha buaidh aig a' Bh-Uas Heron air uaislean Shasainn. Tha i air a bhith a' bruidhinn ris an rìgh air co-rèiteachadh a dhèanamh: bhiodh an Ridire Seòras Hume agus am Morair MacIain, a tha nam bràighdean an dèidh feall-fhalach Millfield Plain, air an cur fa sgaoil ann an iomlaid air saorsa an duine aice fhèin agus caomhnadh Caisteal Ford. Tha a' bhean-uasal air litrichean a chur gu Iarla Surrey air a' chuspair seo – 's fhada bho bha iad eòlach air a chèile. Aig an aon àm, chuala sinn gu bheil an dearbh dhuine uasal sin air an t-slighe dhar n-ionnsaigh – tha e a' gluasad chun an àite-cruinneachaidh Shasannaich faisg air Alnwick, tuath air Newcastle.

Ged a tha a' mhòr-chuid de na fir as dlùithe don rìgh anns a' chaisteal no faisg air làimh, chan eil Mgr Eanraig nar measg. Gu neo-fhèineil, rinn e an roghainn gum fuiricheadh e ann am fear de na pàilleanan ann am meadhan a' champa gus am biodh e ri fhaighinn do na saighdearan agus do na lannsairean òga. Ach, nuair a sguir an t-uisge airson ùine bhig, thachair mi ris ann an lios-luibhean Caisteal Ford. Bha gaoth fhuar a' tighinn bhon àird an ear ach bha fasgadh ann taobh a-staigh nan gàrraidhean àrda.

Chuir e fàilte bhlàth chridheil orm agus bhruidhinn sinn

airson greis air an t-sìde.

Thug mi an aire gun robh bad lusan gorma na làimh, 'Chì mi gu bheil sibh a' tional luibhean, a Mhaighstir.'

'Tha, a Thòmais. Fhuair mi lus nan cnàmh briste an seo. A bheil cuimhne agad gun do chleachd mi e mar chungaidh-leighis air cas Iain Damian ann am Peairt? Nach e flùr màlda a th' ann – fear den aon teaghlach ri barraisd, air a bheil fèill mhòr aig na seilleanan. Ach tha e uabhasach feumail do na lighichean. Tha sgeul no dhà air tighinn air ais thugam bhon a bha sinn a' bruidhinn mu dheidhinn ann am Peairt. 'S e *'knitbone'* a chanas iad ris anns a' Bheurla, tha a' chumhachd-leighis aige cho làidir. Agus tha cuimhne agam gun do rinn an Ròmanach ainmeil sin, am Pliny a bu shine, moladh mòr air – sgrìobh e nan goileadh tu lus nan cnàmh briste anns a' phrais le pronn-fheòil gun tigeadh na criomagan air ais còmhla ri chèile gu bhith nam pìos feòla slàn a-rithist. Feumaidh mi aideachadh nach do dh'fheuch mi ri sin a dhèanamh a-riamh.'

'An dèanadh luibh sam bith mìorbhail mar sin?'

'Tha mi an amharas nach dèanadh, ach tha cumhachd-leighis nach beag aig na luibhean sìmplidh seo. Thoir sùil air an athair-liath an sin – 's e sàiste no slàn-lus a bhios aca air cuideachd. Gu mì-fhortanach chan eil e gu mòran feum dhomh mar ìoc-chòmhdach, ach bidh teatha an athar-liath a' toirt togail do na fulangaich agus iad a' fàs nas fheàrr an dèidh obair-lannsa. Agus anns an leabhar, *Regimen Sanitatis* – chan eil lighiche ann nach do leugh e – tha an t-ùghdar ag ath-aithris seann-fhacal nam manach, 'carson a bhiodh duine a' faighinn bàs fhad 's a tha an t-athair-liath a' fàs anns an lios aige?' Ged a tha e ag aideachadh ro dheireadh an leabhair nach eil lus sam bith ann, gu fìrinneach, a chuireas casg air a' bhàs.

'Bha fàileadh an ròis Moire thall an sin a' toirt tlachd dhomh. Bithear ga chleachdadh airson math a' chraicinn agus an fhuilt. Bha mi a' fàsgadh nan duilleagan gus am biodh an ola air mo làmhan 's an uair sin ga suathadh air mo lèine agus air mo chòta. Tha mi an dòchas gum bi a' chùbhrachd bhrèagha a' cur falach air na bolaidhean a dh'fhaodadh a bhith a' tighinn an lùib m' obrach.

"S e lios-luibhean air leth math a tha seo. Ged a tha am foghar ann a-nis, tha mòran lusan feumail fhathast a' fàs. Ach chan eil coimeas ann eadar Sasainn agus an Eadailt. An robh thu anns an Eadailt a-riamh?'

Chrath mi mo cheann.

'Cha chreideadh tu na luibhean a bhios a' fàs ann – bidh a' ghrian bhlàth a' còrdadh riutha agus tha an talamh làidir. Ach cha dèan e math dhomh a bhith a' bruadar mun Eadailt – bidh fios agad air an t-seann-fhacal, an lus nach fhaighear, chan i a chobhras.'

'Tha cuimhne agam,' arsa mise, 'air mar a chleachd sibh ola nan ròsan ann an Norham. Am faca sibh na tha ann de ròsan a' fàs ri taobh balla deas a' chaisteil?'

Cha robh Mgr Eanraig air na ròsan fhaicinn idir, agus mar sin dheth dh'fhalbh sinn às an lios-luibhean a thoirt sùil orra. Bha timcheall air dà dhusan ròs ann agus blàth brèagha no dhà, dearg, pinc no buidhe, air a' mhòr-chuid dhiubh fhathast.

'Tha na ròsan seo math. Saoil càit' an d' fhuair a' Bh-Uas Heron iad? Bho thall thairis, tha mi cinnteach; chan fhaiceadh tu ròsan Albannach fo bhlàth aig an àm seo den bhliadhna.'

Thog an lighiche làn a dhùirn de na flùr-bhileagan cùbhraidh a bha air tuiteam gu làr. Dh'fhàisg e iad agus dh'fhairich e am fàileadh a bha a' tighinn asta.

'Abair cùbhrachd bhrèagha,' ars esan, 'ged as ann à Persia a bhios an ola as fheàrr a' tighinn. Cha robh mi ann a-riamh ach chuala mi gum bi na ròsan a' fàs ann am mòr-phailteas anns an dùthaich sin. 'S e ròs 'Damask' a chanas iad ris an fhear as fheàrr a thaobh cùbhrachd – chan fhaiceadh tu e a' fàs ann am Breatann. Chuireadh e iongnadh ort, ge-tà, an uimhir de na flùr-bhileagan seo a dh'fheumadh tu gus botal beag a lìonadh le ola nan ròsan, agus 's i obair mhòr a th' ann a tarraing asta.

'Dh'fheumadh tu na bileagan a thional tràth sa mhadainn fhad 's a bha an dealt orra fhathast. Sgaoileadh tu iad air anart gus am biodh iad tioram. Dh'fheumadh tu an cnap beag aig bonn gach bileig a bhìdeadh air falbh. An uair sin dhinneadh tu na bileagan ann an searraig ghlainne mus lìonadh tu le uisge i agus mus seulaicheadh tu i. Dh'fhàgadh tu an t-searrag ann an solas na grèine fad an latha. Ghlèidheadh tu an t-uisge. An ath mhadainn, dhèanadh tu an aon rud, a' dinneadh bhileagan ùra ann an searraig agus ga lìonadh leis an uisge a ghlèidh thu. Chumadh tu ort anns an dòigh cheudna airson trì no ceithir latha. An uair sin chuireadh tu an t-uisge ann an stail bhig, no *alembic* mar a chanadh iad ris, agus theasaicheadh tu gu cùramach e. Nam biodh tu soirbheachail, b' e ola nan ròsan na ciad bhoinneagan a thigeadh a-mach.'

'Tha sin a' cur uisge-beatha nam chuimhne,' arsa mise.

'Tha thu ceart, a Thòmais. 'S e an aon inneal a th' ann, ach cha bhi thu a' faighinn ach beagan ola gach turas. Oidhirp mhòr ach is math as fhiach i. Bidh lighichean a' cleachdadh na h-ola ann an iomadh dòigh. Tha i cho math mar chungaidh-leighis cheangailteach – cha do thachair mi a-riamh air lannsair nach do chuir i air na lotan.'

'Lus air leth brèagha agus air leth feumail cuideachd. Is cinnteach gur e tiodhlac Dhè a th' ann.'

'Tha mi a' dol leat,' fhreagair Mgr Eanraig, 'ged nach do chòrd an ròs ris na Crìosdaidhean an toiseach – bha iad ga fhaicinn mar phàirt de shaoghal pàganach nan Ròmanach. Ach cha b' fhada gus an tàinig an ròs gu bhith na shamhla air fulangas Chrìosda, agus mar sin dheth mar shamhla air a' ghràdh a thèid thairis air a' bhàs. San t-seagh as doimhne, is Esan an ròs a leigheas gach creuchd. B' ann Airsan a bha mi a' smaoineachadh nuair a dh'iarr mi air clachairean Sàghadail ròsan a shnaigheadh air leac-uaighe Iseabail... an ròs a leigheas.'

''S ann tric a bhios sibh a' toirt Iseabail, a' bhean agaibh, an cuimhne.'

''S ann, a Thòmais. 'S ann.'

Chrom e a cheann gus fàileadh ròis dheirg a mhealtainn – bha seillean dìreach an dèidh tighinn a-mach às.

'An robh sibh a' bruidhinn ris an rìgh o chionn ghoirid,' dh'fhaighnich mi dheth.

'Cha robh ach aon uair bhon a thàinig sinn an seo. Bha mi a' mìneachadh dha carson nach bithinn a' gabhail ris a' chuireadh aige a bhith a' fuireach anns a' chaisteal fhèin.'

'Tha mi cinnteach gun do thuig e.'

'Cha tuirt e mòran. Leis an fhìrinn innse, bha e caran fad às. Ach tha e a' giùlan uallach trom. Bha mi a' moladh biadh sìmplidh dha – bu chòir dha a bhith a' seachnadh feòil ròiste agus sùgh spìosrach. Bidh buaireas ann aig bòrd na M-Uas Heron, tha mi 'n dùil. Ghabh e ri mo chomhairle, ge-tà. An tuirt e facal a bharrachd dhut air blàr a chur an aghaidh arm Iarla Surrey?'

'Cha tuirt o chionn ghoirid, ach chuir e fios gu Caisteal Dhùn Èideann ag iarraidh tuilleadh dhamh, fùdair-gunna agus rothan airson nan carbadan-gunna. Chanainn-sa gu bheil e an dùil ris na gunnaichean-mòra a losgadh a-rithist, ged nach d' fhuair na fir-ghunna airgead ach airson sia latha a bharrachd. Tha fios agam gum bi e a' bruidhinn ris a' Chomte d'Aussi feasgar an-diugh. Bidh e ag èisteachd ris a' chomhairle aige – cha bhi e airson èisteachd ri fear sam bith eile.'

'Ach riut fhèin, a Thòmais. Bha e follaiseach dhomh gun robh e a' cur luach anns na briathran agad nuair a bha sinn air taistealachd.'

'Chan eil annam ach mearaiche, a Mhaighstir. Chan eil eòlas agam air cogadh idir, agus cha ghabh mi gnothach ri nithean a bhios ro àrd air mo shon.'

'Na bi gad chur fhèin ann an suarachas, a Thòmais. 'S ann cudromach a tha a' chomhairle agad don rìgh. Ach feumaidh mi falbh leis na luibhean seo, agus bidh an rìgh gad iarraidh.'

Dhealaich sinn bho chèile. Bha a' ghaoth air leigeil fodha ach cha robh briseadh ri fhaicinn anns na neòil. Bha a h-uile coltas ann gum b' e seo am fèath ron doininn.

'S e àite snog a tha ann an Caisteal Ford. Tha ceithir tùir ann le balla-dìon gan ceangal – cruth sìmplidh ach taitneach don t-sùil. Air an fhionnairidh, tha a' chuideachd againn a' cruinneachadh còmhla anns an tùr an iar-dheas: tha seachdnar an làthair – an rìgh, a mhac, a' Bh-Uas Heron agus Judith, an nighean aice, an Rùnaire Paniter, an Comte d'Aussi agus mi fhìn.

Chan aithne don Bh-Uas an Comte d'Aussi ach tha i a' dearbhadh a h-uaisleachd ann a bhith a' cur à cuimhne an eascairdeis a tha ann eadar Sasainn agus an Fhraing – tha i a' cur fàilte bhlàth air agus a' còmhradh ris gu gràsmhor. An dèidh sin, tha an rìgh agus an Comte a' feuchainn ri bàrr a thoirt air a chèile leis na h-ùmhlachdan maisichte. Tha na boireannaich air an dòigh.

Mura b' e gun robh an latha cho sgòthach, bhiodh solas na grèine air a bhith a' tighinn a-steach air na h-uinneagan siar, ach 's ann blàth cofhurtail a tha an seòmar. Agus mar sheòmar-ithe, tha e air leth tarraingeach – tha an dà chuid na grèis-bhratan a tha a' sgeadachadh nam ballachan agus na bratan-ùrlair air an làr a' taisbeanadh beairteas agus fìnealtachd na M-Uas Heron.

An dèidh dhuinn ar biadh a ghabhail, tha a' Bh-Uas a' cluich na clàrsaich. An uair sin tha ise agus a nighean a' gabhail òran à Northumbria mu dhithis leannan agus an gaol a bha ann eatarra – mar as àbhaist, cha deach gu math leotha aig a' cheann thall.

Tha an ceòl air co-chàirdeas a thoirt don t-seòmar – gu ruige seo bha seallaidhean nimheil nàimhdeil a' dol air ais 's air adhart eadar an Rùnaire Paniter agus an Comte d'Aussi. Ann an giùlan agus ann am bodhaig, chan ionnan iad idir. 'S e duine eireachdail a tha anns a' Chomte, àrd dìreach leis na tha ann de lùth-chleasachd ri dhèanamh na lùib na h-obrach aige. Tha an Rùnaire Paniter caran tiugh bronnach crom-shlinneineach mar thoradh air a bheatha sgoilearaich. Biodh sin mar a bhitheadh, 's e bun na cùise gu bheil farmad aig gach fear air an fhear eile air sgàth na buaidhe a tha aige air an rìgh.

'Taing mhòr agus buidheachas dhuibh le chèile airson a' chiùil bhinn,' tha an rìgh ag ràdh ris a' Bh-Uas Heron fhad 's a tha i a' gabhail na cathrach ri a thaobh a-rithist. 'Tha mi duilich gu bheil sinn a' mealtainn na h-aoigheachd agad anns an t-suidheachadh mhì-fhortanach seo. Tha thu air a bhith ro chòir ro choibhneil.'

''S e ur beatha, a Shir,' tha a' Bh-Uas Heron a' freagairt. 'Agus tha mi an dòchas gun tig math às an t-suidheachadh fhathast, a dh'aindeoin coltais bhon leth a-muigh.'

'Tha mi an dòchas gun tig, gu dùrachdach,' tha an rìgh ag ràdh.

'Am faod mi faighneachd,' tha a' Bh-Uas a' tionndadh chun an Fhrangaich, 'ciamar a tha an Comte a' dèiligeadh ris an t-sìde mhì-chàileir seo?'

'Tha mi a' giùlan gu foighidneach ris a h-uile seòrsa sìde, a Bh-Uas,' tha an Comte a' freagairt le fiamh a' ghàire. 'Tha mi air a bhith trang rim obair. Agus tha sìde mar seo againn san Fhraing ann am meadhan a' gheamhraidh!'

'Tha aimsir de gach gnè ri fhaighinn san Fhraing,' tha an rùnaire a' cur ris a' chòmhradh. 'Bidh sneachda domhainn ann faisg air na Pyrenees anns a' gheamhradh.'

'Agus bidh i bruthainneach as t-samhradh,' tha an Comte a' freagairt gu dian, 'ach cha bhi teas no fuachd às an àbhaist ann an srath m' àraich.'

Mothachail air a' mhì-chòrdadh seo, tha an rìgh a' tionndadh thugam, 'A Thòmais, a bheil beachd agad fhèin air an t-sìde?'

'Tha i fliuch, a Shir,' tha mi ag ràdh, 'ach is fheàrr dhuinn a bhith an seo seach ann an taobh tuath na Frainge. An-dè, chuala mi an Rùnaire Paniter ag ràdh gun robh Eanraig Shasainn a' spèileadh air deigh thana thall an siud.'

Tha a h-uile duine ri gàire, an Rùnaire Paniter agus an Comte d'Aussi nam measg.

'Agus fhreagair sibhse, a Shir, gum bu toil leibh a bhith an làthair nuair a thuiteadh e troimhpe, a-steach don uisge fhuar.'

Tha an rìgh air mhire, a' bualadh a bhas.

'An uair sin thuirt an rùnaire gum biodh e dona mura tarraingeadh cuideigin às e, ach na bu mhiosa buileach nan tarraingeadh.'

Tha gach fear agus tè air an dòigh leis an fhaoineas agam.

'A Thòmais,' tha an rìgh ag ràdh, ''s ann biorach a tha do chluasan. Feumaidh mi a bhith faiceallach leis na briathran agam anns an àm ri teachd.'

'Feumaidh gu dearbh, a Shir,' tha mi a' freagairt. 'Chuala mi gum bi fir a' sleamhnachadh le an teanga nas trice na le an casan.'

'Tha mi a' gabhail ri do chomhairle, a charaid.'

Tha an Comte airson cur ris an spòrs, 'Saoil, a Shir, am biodh tu deònach nam bithinn a' cur feum air sgilean Thòmais? Bhiodh an àbhachd aige a' còrdadh ris na fir-phìc agamsa, agus dh'ionnsaicheadh e dhaibh ciamar a bheireadh iad droch-bheul don nàmhaid.'

''S dòcha,' tha an rìgh a' freagairt, 'ach tha eagal orm gum bithinn air mo chur troimh-a-chèile às aonais gliocas a chomhairle. Dè a tha agad ri ràdh ma dheidhinn, a Thòmais?'

'Bhithinn deònach taic a thoirt don Chomte air chumha nach biodh agam ri dhol a-steach don t-sioltrom-phìc gus an àbhachd agam a thoirt seachad.'

'Tha cùmhnant againn, ma-thà,' tha an Comte a' freagairt. 'Nam biodh ùine agam, dhèanainn fear-pìc air leth math de Thòmas.'

Tha am fealla-dhà air còrdadh ris a h-uile duine ach a-mhàin Judith agus mac an rìgh. Thug mi an aire gun robh faiteachan-gàire a' dol eatarra fhad 's a bha sinn a' bruidhinn. 'S dòcha gur e mothachadh na M-Uas Heron air seo a tha a' toirt oirre a nighean a tharraing a-mach às a' chuideachd againn.

'A Rìgh, a dhaoin' uaisle,' tha i ag ràdh. 'Tha mi a' toirt mo bhuidheachais dhuibh airson ur càirdeis, ach is deireadh gach comainn dealachadh. Feumaidh mi fhìn agus Judith falbh a-nis. Tha e a' fàs anmoch.'

Tha an rìgh ag èirigh air a chasan, 'Is sinne a tha fada fada nur comain-se, a Bh-Uas agus Judith. Chòrd an ceòl agus am biadh rinn gu mòr. Agus bho nach eil an lighiche agam an seo, feumaidh mise ath-aithris a dhèanamh air a bhriathran – 's e am biadh as fheàrr blas as fheàrr a bheathaicheas.'

Tha a' Bh-Uas a' cromadh a cinn don rìgh le fiamh a' ghàire

blàth. 'Mura faod sinn seirbheis a bharrachd a thoirt dhuibh, a Shir, gabhaibh ar leisgeul.'
Tha an rìgh a' dèanamh ùmhlachd dhi.

Tha an Rìgh a' bruidhinn ris an Amadan

'Tha mi air mo shàrachadh leis an t-sìde fhlich seo, a Thòmais – an t-uisge, latha an dèidh latha, agus a h-uile coltas ann gu bheil e a' dol a leantainn air. Tha mi mothachail gum bi seo a' toirt buaidh air misneachd agus slàinte an airm. Tha sinne cofhurtail an seo agus bidh na h-àrd-uaislean ceart gu leòr anns na pàilleanan aca, ach dè mu dheidhinn nam fear a bhios gun fhasgadh ach na gheibh iad fo na craobhan?

'Thuirt an Rùnaire Paniter rium gun do thrèig grunn math shaighdearan an t-arm an dèidh Norham. Tha iad air an rathad air ais a Dhùn Èideann. 'S dòcha gu bheil sinn nas fheàrr a bhith a' faighinn cuidhteas dhaoine den t-seòrsa sin – am fear nach cunntadh rium, cha chunntainn ris. Ach chuala mi naidheachd air a' phlàigh anns a' champa – fiabhras agus a' bhuinneach mhòr. Dh'iarr mi air an rùnaire comhairle Mhgr Eanraig fhaighinn – ged a bhios na saighdearan a' cur nan cungaidhean-leighis aca fhèin gu feum, bidh tomhas aig Eanraig air buaidh an tinneis. Chan eil teagamh ann gum faodadh e milleadh mòr a dhèanamh air neart an airm.'

Tha an rìgh a' sealltainn a-mach air an uinneig a-steach don dorchadas.

'Ò, an t-uisge gun stad! Tha aon nì a' toirt cofhurtachd dhomh – bidh e a' bogadh Iarla Surrey agus an airm Shasannaich anns an dòigh cheudna. Tha an t-iarla a' feitheamh air teachd a mhic, an t-àrd-mharaiche, agus e a' seòladh a dh'ionnsaigh calaidh faisg air Newcastle. Is cinnteach gum bi an doineann seo a' cur bacadh air.'

'A bheil sibh an dùil, a Shir, gun tig na h-armailtean aghaidh ri aghaidh air blàr a' chogaidh?'

'Tha coltas ann gun tig, a Thòmais, ach is sinne a bhios a' cumail smachd air cuin is càite am biodh blàr ga chur. Tha mi air a bhith a' gabhail comhairle a' Chomte d'Aussi. Tha suidheachaidhean matha ann beagan mhìltean gu deas oirnn, a' coimhead sìos air Millfield Plain, an dearbh àite far an do rinn na Sasannaich feall-fhalach air a' Mhorair Hume. An turas seo, is sinne a chuireas an cruth-tìre gu feum. Nuair a bhios na gunnaichean-mòra air an suidheachadh air Cnoc Flodden, bidh sinn seasmhach daingeann. Chì Iarla Surrey sin anns a' bhad. Ach nam biodh feum againn air tarraing air ais air adhbhar air choreigin, bidh slighe leathann shàbhailte air a dìon dhuinn thairis air Uisge Thuaidh agus tuath a dh'Alba.

'Gu ruige seo, tha a h-uile goireas air a bhith againn – biadh, connadh agus mar sin air adhart. Is math a dheasaich sinn airson nan làithean seo. Tha gu leòr ann airson seachdain eile, co-dhiù.'

'An d' fhuair sibh brath air na prìosanaich, a Shir? An dèan sinn iomlaid? Am faigh a' Bh-Uas Heron an duine aice air ais?'

'Cha d' fhuair mi fios gu ruige seo, a Thòmais. Chuir a' Bh-Uas litir gu Iarla Surrey anns a' mhadainn an-diugh. Saoil am bi freagairt bhuaithe ann an latha no dhà?'

Aig an dearbh mhòmaid, tha gnogadh ann aig an doras. Tha am fear-airm a tha a' coimhead an dorais a' toirt ban-òglach na M-Uas a-steach don t-seòmar le litir chun an rìgh.

Tha mo mhaighstir ga fosgladh agus ga leughadh. 'Tha a' Bh-Uas Heron ag iarraidh bruidhinn rium air cuspair air choreigin. Is cinnteach gu bheil e ro anmoch airson fiosrachadh ùr bho Iarla Surrey. Feumaidh gur e rudeigin cudromach a tha ann aig an uair sin den oidhche.'

Tha an rìgh ag èirigh air a chasan. 'Oidhche mhath, a Thòmais. Caidil gu math.'

Cnoc Flodden
Fèill Sancti Bertini, Aba
(Diluain 5 An t-Sultain 1513)

DH'FHALBH SINN à Caisteal Ford fo sgòthan dorcha, anns a h-uile seagh. An latha an dèidh ar dìnneir chàirdeil, fhuair an rìgh fios gun robh e air a bhith air a mhealladh leis na litrichean a bha a' Bh-Uas Heron a' cur gu Iarla Surrey. A bharrachd air iarrtasan gum biodh iomlaid nam prìosanach air a cur air dòigh, bha fiosrachadh annta air meud, cor agus suidheachadh an fheachd Albannaich. Bha fearg air an rìgh. Cha bu luaithe a dh'fhalbh sinn às a' chaisteal na thug e an t-òrdugh gu a sgrios – chaidh am mullach a thoirt dheth agus pàirt den chaisteal a chur na theine.

A rèir comhairle a' Chomte d'Aussi, chaidh an t-arm a dhèanamh campa ùr air mullach Chnoc Flodden, a' coimhead sìos air Millfield Plain chun na h-àird' an earra-dheas. Fhad 's a bha sinn gar suidheachadh fhìn air a' chnoc, lean an t-uisge agus a' ghaoth bhon àird an ear orra gun stad, gun tròcair – ro mheadhan-latha cha robh duine ann nach robh bog fliuch. Dh'obraich na fir gu luath chum na pàilleanan a chur suas, agus an aon smaoin a' tighinn a-steach air na h-uile – ged a bha sealladh math bho mhullach a' chnuic, bu bheag am fasgadh a bha ri fhaighinn air. Rinn na saighdearan coitcheann na b' urrainn dhaibh le crainn agus plaidean, ach bha an talamh fliuch agus cha mhòr nach deach am bàthadh anns an dìle a bha ann. Feasgar, nochd na daimh a' tarraing nan gunnaichean-mòra agus na carbadan-eich làn bìdh agus connaidh. Cha b' fhada gus an robh teintean a' dol air feadh a' champa agus togail-inntinn a' tighinn bho fhàileadh na còcaireachd.

An ath latha, chaidh tuill a chladhach agus na gunnaichean-mòra a shuidheachadh annta airson gum biodh iad a' sealltainn sìos air Millfield Plain. Thòisich na fir-ghunna air an obair aca, a' faighinn eòlas air raon buailidh nan gunnaichean-mòra gus an robh iad a' tilgeil chlachan agus urchairean do gach roinn den fhaiche. Bha an rìgh a' gabhail tlachd anns an obair sin ged a bha e follaiseach dhòmhsa gun robh tachartasan na seachdaine seo chaidh a' cur sgàile air.

Chuala sinn gun robh Iarla Surrey agus an t-arm Sasannach air an t-slighe bhon àird a deas fhathast. Bha am mac a bu shine aige còmhla ris – bha an t-Àrd-mharaiche Tòmas Howard air na bàtaichean aige a thoirt don chaladh a dh'aindeoin na doininn uabhasaich aig muir. Mar sin dheth, bha dithis de a mhic a-nis a' toirt taic don iarla – bha mac na b' òige, Edmund, air a bhith na chuideachd fad grunn làithean.

Cha b' fhada gus an d' fhuair an rìgh fios bhon iarla ann an làmhan an teachdaire aige, Rouge Croix. Chaidh e a Chaisteal Ford an toiseach mus do stiùir cuideigin a Chnoc Flodden e. Ràinig e pùball an rìgh a' giùlan dà litir – tè bho Iarla Surrey fhèin agus tè bho a mhac, an t-àrd-mharaiche. Fhad 's a bha an teachdaire a' tighinn tron champa, bha cothrom math aige am feachd Albannach agus na gunnaichean-mòra a sgrùdadh.

Tha an rìgh a' gabhail ris na litrichean bho làmhan an teachdaire anns a' phùball mhòr aige, far a bheil e na shuidhe a' toirt sùil air dealbh, seòrsa de mhapa na sgìre.

Tha an teachdaire ga leigeil fhèin air a ghlùinean air beulaibh an rìgh.

'Am faod mi spèis dhùrachdach Iarla Surrey a thoirt dhuibh, a Shir. Dh'iarr e orm na litrichean seo a chur nur làmhan. 'S dòcha gum biodh sibh cho còir 's gun leughadh sibh iad gun dàil.'

'Taing dhut, a Rouge Croix,' tha an rìgh a' freagairt. 'Bheir mi dhut na barantasan àbhaisteach a thaobh do thèarainteachd, ach na fàg an campa, mas e do thoil e. Bidh na fir-airm agam a' frithealadh dhut.'

'Am bi mi a' tilleadh don iarla leis na freagairtean agaibh, a Shir?'

'Faodar iarraidh ort sin a dhèanamh. Cuirear fios thugad.' Tha an rìgh a' dèanamh comharradh ris an fhear-airm a tha na sheasamh aig doras a' phùbaill. Tha e follaiseach nach eil Rouge Croix air a dhòigh ach tha e a' falbh gun fhacal a bharrachd a ràdh.

Tha an rìgh ag amharc gu mionaideach air na litrichean. Ag aithneachadh seula an iarla, tha e a' fosgladh na litreach seo an toiseach. Tha aodann gun fhiamh fhad 's a tha e ga leughadh.

'Tha seo dìreach mar a bha mi an dùil,' tha e ag ràdh. ''S e cuireadh gu cath a tha ann, an ceann ceithir latha. Tha an t-iarla ag àireamh nan oilbheum agam – an aghaidh rìgh Shasainn agus nan ìochdaran aige. Na bheachd-san, rinn mi murt agus sgrios gun adhbhar. Chan eil e a' dèanamh iomradh air an fhìrinn gu bheil Eanraig Shasainn ris an aon rud ann an taobh tuath na Frainge. Is math a tha fios aige gur e am fòirneart aigesan as adhbhar air an ionnsaigh agam ach chan eil e ga aideachadh, dìreach mar a bhiodh dùil.'

Tha an rìgh a' fosgladh na dara litreach. ''S e an t-Àrd-mharaiche Tòmas Howard, mac an iarla, a sgrìobh an tè seo.'

Chì mi gu bheil aodann an rìgh a' sìor fhàs glaisneulach fhad 's a tha e a' leughadh. An dèidh greiseag tha e ga slàraigeadh le brag air a' bhòrd.

'Thoir Rouge Croix an seo! Air ball!'

Tha e a' tionndadh thugam. ''S ann mì-chiatach a tha an litir seo! Mì-chiatach. 'S i mearachd mhòr mhòr a rinn mac an iarla leatha. Bidh ceannach aige air.'

'Am faod mi faighneachd,' tha mi ag ràdh, a' feuchainn ri mo ghuth fhèin a chumail sèimh, 'gu dè a sgrìobh e anns an litir?'

''S ann a sgrìobh e... esan, nach eil ann ach uasal suarach Sasannach... Tha e air beum a thoirt do rìgh na h-Alba. Ò, 's e ladarnas mòr a tha ann.'

Tha an rìgh a' gabhail analach airson greis, ga cheannsachadh fhèin.

'Dh'fhaighnich thu dè a sgrìobh e. Anns an litir, tha e a' dèanamh toileachas air murt an Ridire Anndra Barton agus air na seòladairean agus na bàtaichean a ghlac na Sasannaich – ach b' ann leamsa a bha na bàtaichean sin, bha iad nam pàirt den chabhlach agam. Tha e air sgrìobhadh gun robh an cabhlach Albannach a' teicheadh ro na bàtaichean-cogaidh aige fhèin nuair a chaidh iad timcheall oirthir a tuath na h-Alba air an t-slighe don Fhraing. Agus tha e air gealladh a thoirt dhomh nach nochdar tròcair sam bith do na h-Albannaich nuair a sgriosas na Sasannaich an t-arm agam – ach dhomh fhìn a-mhàin, a bheir e do chùirt Eanraig Shasainn nam phrìosanach air mo cheangal ann an slabhraidhean!'

Tha an rìgh a' ceumnachadh thuige agus bhuaithe.

'Am faod mi a chur nur cuimhne, a Shir, nach e Rouge Croix as coireach airson faclan an àrd-mharaiche?'

'Tha fios agam!' tha e ag ràdh gu bras. Tha e a' gabhail analach a-rithist. 'Tha fios agam, a Thòmais, ach cha dèan e cron sam bith mo mhì-thlachd a thaisbeanadh dha.'

Tha an teachdaire a' tighinn a-steach agus a' dèanamh ùmhlachd don rìgh.

'A Rouge Croix, tha mi a' gabhail ris nach tusa as coireach airson na tha sgrìobhte anns na litrichean seo. Tha an dara tè dhiubh air fearg a chur orm, ach bheir mi freagairt don tè eile. Cha tusa, ge-tà, a bheir an fhreagairt agam air ais do dh'Iarla Surrey. 'S e Ìle, Earraid na h-Armachd agam fhìn, a nì e. Bithear a' toirt gach aoigheachd dhut fhad 's a tha thu a' fuireach còmhla rinn.'

Tha Rouge Croix a' fosgladh a bheòil ach tha an rìgh a' smèideadh ris an fhear-airm.

Tha an Rìgh a' bruidhinn ris an Amadan

'Chan eil teagamh agam a-nis gu bheil blàr fosgailte gu bhith ann – tha an uair air tighinn. Agus a-nis, tha fadachd orm gus am faic mi e.

'Bidh e cho milis dhomh nuair a chluinneas Eanraig Shasainn mu deidhinn na buaidhe mòire a bheir sinn air feachdan an iarla. 'S dòcha gun cluinn e an naidheachd fhad 's a bhios e ris an fhaoineas aige anns an Fhraing, a' cur sèist ri baile beag air choreigin, a' struidheadh airgead a rìoghachd. Bidh aige ri gabhail ris gu bheil prionnsa gaisgeil Albannach air euchd a thoirt gu buil air fear de na blàran-catha Eòrpach.

'Sgriosaidh na gunnaichean-mòra arm Iarla Surrey, tha mi cinnteach – loisgidh iad suas e mar asbhuain. An t-iarla bochd – chan eil fios aige air meud agus air neart an fheachd a tha againn an seo. Agus an t-àrd-mharaiche! Glacar e na àrdan.

'Tha mi a' faireachdainn mar gun robh cuibhle an fhreastail air stad aig mo làimh. Chan e. Chan e am freastal a tha ann idir. Buannaichidh sinn anns a' chath a chionn gur i toil Dhè a tha ann. A chionn gur i an toil agam fhìn a tha ann…'

Tha an rìgh a' ceumnachadh thuige agus bhuaithe a-rithist. Tha a dhùirn dùinte gu teann, na rùdanan geal.

'Nach tàinig mi bho ghineal uasal, gineal rìghrean? Nach mise am fear as coileanta agus as soirbheachaile de na Stiùbhartaich? Nach mise a tha sgileil anns a' chath-chleasachd le lannsa agus le claidheamh? Tha mi ionnsaichte ann an innleachdan-catha. Tha mi aig ceann an airm as motha a chunnacas a-riamh fon bhrataich Albannaich. Cha rachadh Eanraig Shasainn fhèin nam aghaidh nan canainn gur ann le Alba an cabhlach as cumhachdaiche air an t-saoghal, am bàta-cogaidh as fheàrr anns a' Chrìostalachd.

'Cuireamaid cogadh, ma-thà! Thigeadh na gaisgich Shasannach a b' fhoghaintiche nam aghaidh. Bidh mise ann an sreath-aghaidh a' bhlàir.'

Tha an rìgh a' coimhead orm gu dìreach, 'A Thòmais. Tha

fios agam nach eil seo a' còrdadh riut. Tha do dhìlseachd dhomh a' cur eagal ort – dè nam bithinn air mo leòn air blàr a' chogaidh? Ach feumaidh mi a bhith aig ceann an airm. Agus nam faighinn bàs… gheibhinn. 'S e an t-eas-urram an nì a sheachnainn.'

Tha mi airson an rìgh a chiùineachadh. 'Tha am Frangach, a Shir, an Comte d'Aussi, air a bhith na dheagh chomhairliche dhuibh. 'S e duine air leth eòlach fiosraichte a th' ann.'

'An Comte? 'S e. Tha e toilichte leis an t-suidheachadh a-nis. Leis na tha againn de ghunnaichean-mòra, tha e den bheachd gum biodh sinn tèarainte, ge bith dè a thigeadh.

'Agus tha misneachd mhòr agam anns na fir-phìc aige. Bha mi a' coimhead orra fhad 's a bha iad ris an lùth-chleasachd an-dè. Ghluais na sioltroman mar ghràineagan mòra, an dealgan a' stobadh suas, agus iad cho luath ris a' ghaoith. Cò a sheasadh nan aghaidh? Is beag an t-iongnadh gun do sguab iad air falbh armailtean na Roinn Eòrpa. Chan eil an Comte air a dhòigh leis na fir Albannach, ge-tà. Na bheachd-san cha robh ùine gu leòr aige ionnsachadh a thoirt dhaibh. Mar a bhiodh dùil, chan ionnan iad agus na fir-phìc aige fhèin.

'Ach 's e duine air leth lèirsinneach a tha anns a' Chomte. Bho na chunnaic e agus na chuala e aig a' Chomhairle-chatha ann an Twizelhaugh, thàinig e a-steach air nach robh mòran eòlas-cogaidh aig na h-àrd-uaislean Albannach. Chunnaic e na laigsean aca. Tha mi air innse dha cò a bhios mi a' cur os cionn buidhnean shaighdearan agus na h-adhbharan a bha air cùlaibh mo roghainnean. Agus tha e ag aontachadh leam nach bi ann ach aon cheannard air latha a' bhlàir. Feumaidh mise, an rìgh, an t-uallach sin a ghiùlan.'

'Agus am bi an Comte na iar-cheannard, a Shir?'

'Cha bhi. Chan urrainn sin a bhith, a Thòmais. Cha ghabhadh na h-àrd-uaislean ris idir. Ach aon uair 's gun sgrios na gunnaichean-mòra arm an iarla, chan eil mi an dùil gum bi feum air iar-cheannard.

'Tha Rouge Croix fhathast fo ghrèim, ach cuiridh mi air ais e chun an iarla a-màireach. Tha fios aige air an fheachd agus an air an t-suidheachadh againn, ach tha e a' tighinn ris a' mhodhalachd agam a bhith a' leigeil leis innse do na Sasannaich na chunnaic e. 'S dòcha gun tionndaidh an t-iarla air falbh bhon bhlàr fhosgailte a tha fa-near dha.'

'Bidh sin searbh dha a shlugadh,' tha mi ag ràdh, 'leis na dleastanasan a thug an Rìgh Eanraig agus a' Bhanrigh Katherine dha.'

'Tha sin fìor, a Thòmais, ach 's e seann saighdear a tha ann nach treòraicheadh an t-arm aige gu call cinnteach. Agus tha e ann an Sasainn seach air blàran na Frainge – tha sin a' toirt tomhas dhuinn air a' mheas a tha aig an Rìgh Eanraig air. Cha dèanadh ruaig an airm aige math sam bith dha. B' fheàrr dha tarraing air ais agus gabhail ris an tàmailt.'

Tha an dealbh de Mhillfield Plain air a' bhòrd fhathast. Tha e a' glacadh aire an rìgh a-rithist. Tha e ga thogail agus ga sgrùdadh gu mionaideach. Saoil a bheil e air dìochuimhneachadh gu bheil mi ann?

'Tha mi duilich, a Thòmais,' tha e ag ràdh gu slaodach. 'Bidh sinn a' bruidhinn a-rithist air a' chuspair seo. Oidhche mhath leat.'

Cnoc Flodden
Latha Breith Sanctae Mariae, Òigh
(Diardaoin 8 an t-Sultain 1513)

A DH'AINDEOIN NA sìde gruamaiche, tha sinn nar laighe anns a' champa againn air Cnoc Flodden. Tha an t-uisge agus a' ghaoth gar claoidh. Bu bheag an àireamh nach dèanadh gàirdeachas a bhith a' smaoineachadh gum bi sinn a' sguabadh air falbh an airm Shasannaich a-màireach agus, an dèidh sin, a' dol dhachaigh.

Tha mullach a' chnuic na bhoglach leis na tha ann de dhaoine a' fuireach air agus leis na fir agus na h-eich a' falbh agus a' tighinn. An dà chuid taobh a-muigh agus taobh a-staigh nam pàilleanan, tha an t-àile làn fàilidhean a' champa – toit nan teintean, boltraich na còcaireachd agus samh an òtraich. Bho bhriseadh na fàire, tha na gunnaichean-mòra air a bhith gan losgadh, a' dèanamh cinnteach air an raon buailidh thairis air Millfield Plain. Is math a rinn na fir-ghunna ann a bhith a' cumail am fùdair-gunna tioram, ach tha mo cheann goirt leis an tàirneanach aca.

Thàinig tuilleadh fios chun an rìgh an-diugh air gluasad Iarla Surrey – thog e bratach an teaghlaich aige aig Bolton faisg air Alnwick mus deach an t-arm aige a Wooler, mu shia mìle an ear-dheas oirnn. Fhuair Rouge Croix cead a choise an-dè agus thill e do champa an iarla. Mar a bha sinn an dùil, cha b' fhada gus an robh làn fhios aig an iarla air meud an airm Albannaich agus na gunnaichean-mòra a tha againn. Theagamh gum b' ann mar thoradh air an fhiosrachadh ùr sin a thug Rouge Croix litir eile chun an rìgh an-diugh. Bha e follaiseach gun robh mo mhaighstir an dùil ri cluinntinn a-rithist bho Iarla Surrey. An turas seo, dhiùlt e gabhail ri Rouge Croix anns a' phùball aige no bruidhinn ris gu dìreach. Ghabh e an litir bho làmhan fir-airm Albannaich agus nuair a thug e freagairt don iarla, b' e an Rùnaire Paniter a sgrìobh an litir agus a chuir i ann an làimh Rouge Croix. Nach b' e an teachdaire Sasannach a bha fortanach – bha an rìgh fiadhaich a-rithist.

Anns an litir aige, sgrìobh an t-iarla gun robh e air Comhairle-chatha a ghairm. Dh'innis e do na h-àrd-uaislean na chuala e bho Rouge Croix mun fheachd Albannach agus mar a bha na gunnaichean-mòra air an cur air dòigh. Bha deasbad ann agus b' e deireadh na cùise gun do chuir na h-ochd àrd-uaislean deug an ainmean ri litir a rinn càineadh air mo mhaighstir airson a ghiùlain. Nam beachd-san rinn e rud nach dèanadh ridire onarach sam bith – a chur fhèin ann an suidheachadh do-ionnsaighe. Chuir iad dùbhlan gu mo mhaighstir, ga iarraidh a thighinn a-nuas air Millfield Plain gu fearann fosgailte rèidh far an cuirte blàr suidhichte cothromach.

Chuir seo fraoch feirge air an rìgh. Dè an gnothach a bh' aig Iarla Surrey, no gu dearbh uasal Sasannach sam bith, innse dhàsan, rìgh na h-Alba, ciamar a chuireadh e blàr. Dh'fhalbh e ann an dearg chuthach air muin an àigich a b' fheàrr aige.

Air an fhionnairidh, tha na h-àrd-uaislean Albannach a' cruinneachadh ann am pùball an rìgh an dùil ri stiùireadh bhuaithe ach chan eil e an làthair. Cha robh sgeul air bhon a dh'fhalbh e às a' champa ann an cuideachd Ghiles Musgrave agus buidhne bige de dh'fhir-airm a dh'fhaicinn le a shùilean fhèin gu dè a bha a' dol air adhart leis an arm Shasannach.

Gus an till e, 's e an Rùnaire Paniter a bhios a' bruidhinn agus a' toirt fios do na h-àrd-uaislean air Iarla Surrey agus an arm aige. An toiseach, ge-tà, tha e a' dèanamh tuairisgeul air toil an rìgh a thaobh ciamar a bhios an t-arm air a roinn air latha a' bhlàir. Bidh còig roinntean-feachd ann fo na ceannardan a leanas: an rìgh fhèin; Iarla Hunndaidh agus am Mòrair Hume le chèile; Iarla Errol, Iarla MhicCreamhain agus Iarla Mhontròis; Iarla Earra-Ghàidheil agus Iarla an Leamhnachd; agus Iarla Bhoth Chluaidh. Tha na h-àrd-uaislean a' gabhail ris an òrdugh seo gun ghearan. Tha an rùnaire a' leantainn air leis an fhiosrachadh gu bheil Iain Heron, a mhurt Sir Raibeart Ker, air nochdadh gus taic a thoirt do dh'Iarla Surrey. Tha seo a' brosnachadh feadhainn de na h-àrd-uaislean gu feirg – carson a ghabhadh an t-iarla ris a' mhurtair? 'S ann follaiseach a tha an fhreagairt – leis na tha aige de dh'eòlas air cruth-tìre na sgìre seo bidh e air leth feumail do na seanailearan Sasannach. Cha dùraig dhomh smaoineachadh air na chanas an rìgh nuair a chluinneas e an naidheachd.

Nuair nach eil càil a bharrachd aig Pàdraig Paniter ri ràdh, 's e an Ridire Pàdraig Liondsaidh, maighstir na h-ùmhlachd ghrinn, am fear òg air a bheil an rìgh cho measail, a tha a' gabhail ceum air adhart gu meadhan a' phùbaill.

'A dhaoin' uaisle. Tha a h-uile coltas ann gum biomaid ann an òrdugh-catha an aghaidh arm Iarla Surrey air Millfield Plain a-màireach. Tha sinn mothachail air cumhachd an airm againn agus air an t-suidheachadh mhath a th' againn air a' chnoc seo, ach tha manaidhean droch-fhàistinneach air a bhith ann. Chuir sinn diomb air an rìgh ann an Twizelhaugh le bhith a' dèanamh iomradh air na bòcain a nochd aig Crois na Margaid agus ann an Gleann Iucha, ach tha na saighdearan a' dèanamh cànran mu rudan neònach a thachair o chionn ghoirid. Sa mhadainn an-diugh, mar eisimpleir, chuala mi gum facas maigheach a' ruith tro mheadhan a' champa. Thathar ag ràdh gun deach saighdean agus sleaghan troimhpe gun chron sam bith a dhèanamh oirre, mar gur i taibhse bho shaoghal eile.

'Nam bheachd-sa, 's ann a tha ar suidheachadh coltach ri càs a' mharsanta onaraich a tha a' dol a chluich dhìsnean le ceàrraiche suarach. Gabhaibh mo leisgeul! 'S ann nas miosa na sin a tha e. Ma cheadaicheas sinn ar rìgh ro-uasal seasamh an aghaidh Iarla Surrey, bidh sinn a' cur bonn òir an geall air bonn-a-sia salach – sin mar a dhèanainn dealbh air a' bhodach chrùbach Shasannach nach eil comasach air suidhe air muin eich. Seasamaid gualann ri gualainn agus cuireamaid stad air rùn an rìgh a bhith aig ceann an airm. Tha e ro phrìseil dhuinne agus don rìoghachd Albannaich.

''S e daoine foghlaimte a tha annainn, a dhaoin' uaisle, nach sèidear a-null agus a-nall leis gach oiteag gaoithe, leis gach manadh agus bòcan. Ach gabhaibh beachd air m' athchuinge, tha mi a' guidhe oirbh. Feumaidh sinn an rìgh a dhìon. Chan fhaod e seasamh air sreath-aghaidh a' bhlàir.'

'Tha sin gu leòr, a Liondsaidh! Gheibh thusa do dhuais airson do neo-dhìlseachd – bidh tu nad chrochadh air a' chroich cho luath 's a thilleas sinn a Dhùn Èideann!' 'S e guth an rìgh a tha ann agus tha e air chuthach. Tha e a' toirt leum a-steach don phùball, a' cur clisgeadh air a h-uile duine. Chan eil fios againn air dè cho fada 's a bha e ag èisteachd ri òraid an fhir òig.

'Cò a ghairm a' Chomhairle-chatha seo nuair nach robh mise an làthair?' Tha guth an rìgh àrd sgaiteach.

Tha sàmhchair ann airson greis. An uair sin 's e an Rùnaire Paniter a tha a' bruidhinn. 'Cha do ghairm duine sam bith a' choinneamh, a Shir. Tha na h-àrd-uaislean air cruinneachadh còmhla an seo, fear an dèidh fir thairis air an fheasgar, feuch am biodh naidheachd às ùr, agus iad an dùil air cogadh a dhèanamh a-màireach.'

'Nam b' e sin am miann agaibh,' tha an rìgh ag ràdh, 'ceadaichibh dhomh bruidhinn ribh – 's ann agamsa a tha am fios a tha sibh a' sireadh.

'Tha mi dìreach air tilleadh bho mo thuras timcheall air na h-ionadan-beachdaire ann an cuideachd a' Chomte d'Aussi agus Ghiles Musgrave. Bidh ùidh agaibh anns na chluinneas sibh – tha arm Iarla Surrey trì mìle an ear oirnn, am falach bhuainn le monadh àrd, agus iad a' sìor ghluasad chun na h-àird' a tuath.

'Chan eil sinn buileach cinnteach dè as ciall don ghluasad seo, ach chan eil e coltach gum bi an t-iarla an dùil ri ar coinneachadh air Millfield Plain a-màireach. Tha ceann an airm aige fada gu tuath oirnn mar-thà. 'S dòcha gu bheil e a' dèanamh air Caisteal Norham a chur sèist air a' ghearastan againn. No 's dòcha gun tionndaidh e chun na h-àird' an ear, a dh'ionnsaigh Bhearaig. A dh'aindeoin coltais on leth a-muigh, chanainn-sa gum bu chòir dhuinn a bhith gar cumail fhìn deiseil gus am faic sinn gu dè a tha fa-near dha.'

Chan eil fuaim ri chluinntinn anns a' phùball ach a' ghaoth a' feadalaich tro na ròpannan agus an t-uisge a' tighinn a-nuas gun stad.

'A Rùnaire Paniter, an tug thu seachad ainmean nan seanailearan?'

'Thug, a Shir.'

'Uill, a dhaoin' uaisle, am faod mi iarraidh oirbh tilleadh do na buidhnean agaibh. Leigidh mi fios dhuibh cho luath 's a bhios tuilleadh fiosrachaidh agam. Anns an eadar àm, tha e cudromach gum bi sibh a' cumail smachd theann air na saighdearan.'

Tha an rìgh a' dèanamh ùmhlachd ghoirid agus an uair sin a' cur a chùil riutha. Tha na h-àrd-uaislean mothachail nach e seo an t-àm airson a bhith a' reusanachadh le mo mhaighstir. Tha iad a' fàgail a' phùbaill gu sòlaimte.

Tha an Rìgh a' bruidhinn ris an Amadan

'Pàdraig Liondsaidh, a Thòmais! Bha deagh mheas agam air an fhear òg sin. Agus a-nis…'

'Tha spèis mhòr aige oirbh, a Shir, agus tha e a' cur luach mòr annaibh mar an rìgh aige. Tha e fo iomagain a thaobh ur beatha agus ur slàinte.'

'Ach chan fhaod sinn èisteachd ri beachdan nach eil a' dol le mo thoil-sa. À seo suas, tha e toirmisgte labhairt orra. Cha sheas an taigh a tha roinnte agus, mar a tha fios agad, tha aonachd nan àrd-uachdaran cho brisg ri lìon an damhan-allaidh mar-thà – cha b' fhada bhon a bha feadhainn aca an sgòrnanan a chèile. Na cluinneam an còrr air sreath-aghaidh a' bhlàir. Bidh mi ann. Chan eil fear ann air thalamh a bheir an dleastanas sin bhuam. Tha e gràineil dhomh fiù 's a bhith a' smaoineachadh air. Is mise a stiùireas an roinn-fheachd agam fhìn.

'Feumaidh sinn ar cumail fhìn deiseil airson catha. Tha an t-iarla seòlta. A bheil e ri cuilbheart air choreigin? Nach b' esan a thug cuireadh dhomh a bhith a' cogadh a-màireach – chuir e sìos anns na litrichean aige cuin agus càite. Agus ghabh mi ris a' chuireadh. A-nis, tha e a' gluasad gu bhith tuath oirnn. Cha tuig mi e.'

Tha an rìgh air a chasan, a' ceumnachadh sìos agus suas. Tha e a' tachais craiceann a làimhe clìthe gu mì-fhoighidneach.

'Cò sinne? Gràisg chloinne a ghabhas eagal ro fhaileas? Ruith maigheach tron champa! Feumar smachd a chumail air na saighdearan a chum nach caill iad am misneachd. Thèid mi a-mach a-nochd, a dh'aindeoin na sìde, a choinneachadh ris an àireimh as motha dhiubh as urrainn dhomh. A rèir coltais, chan eil ann ach mise a nì a' chùis.'

'Deagh bheachd, a Shir,' tha mi a' freagairt. 'Chuala mi fathann gun robh na fir a' bruidhinn còmhla ri chèile mu na manaidhean air an t-slighe gu ruige seo. Bhon a dh'fhalbh sinn à Caisteal Ford, tha rabhadh fear na lèine guirme ann an Gleann Iucha air tighinn gu bàrr a-rithist.'

Tha an rìgh a' stad gu h-obann air mo bheulaibh.

'Rabhadh fear na lèine guirme?'

'Mas math mo chuimhne, a Shir, thug e rabhadh dhuibh gun a bhith a' buntainn ris na mnathan. Tha na fir-thuaileis air a bhith a' bruidhinn air a' Bh-Uas Heron.'

Tha mo mhaighstir a' coimhead orm mar nach eil e a' creidsinn a dhà chluais. Tha e air chrith leis an fheirg.

'A' Bh-Uas Heron!' tha e ag èigheach. 'Dè tha iad ag ràdh mun Bh-Uas Heron?'

'Gun do chuir i fàilte oirbh na leabaidh, a Shir.'

'Agus dè cho fada 's a bha fios agad air 'an fhathann' seo, a

Thòmais?' Tha e na sheasamh fhathast mu mo choinneamh, fuachd agus briseadh-dùil na shùilean.

'O chionn trì latha, a Shir.'

'Agus cha tuirt thu facal riumsa gus an-dràsta, nuair nach bi ùine agam a' mhì-thuigse a chur ceart.'

'Tha mi duilich, a Shir, ma rinn mi mearachd. Bha mi anns a' chaisteal nuair a dh'iarr a' Bh-Uas Heron oirbh a thighinn don t-seòmar aice as t-oidhche.'

'A bheil mo chluasan gam mhealladh, a Thòmais? A bheil fiù 's thusa a' togail do shàil nam aghaidh? Thusa, às an do dh'earb mi os cionn gach fir eile.'

'Bha sibh ceart ur n-earbsa a chur annam, a Shir. Cha tuirt mi facal nur n-aghaidh a-riamh nam bheatha agus chan abrainn a-chaoidh.'

'Tha mi air bruidhinn riut air na trom-laighean agam, air na nithean as dlùithe do mo chridhe, na nithean ron a bheil an t-eagal orm...'

Tha e na thost airson greis.

'Thalla!'

'A Shir?'

'Thalla! Chan eil mi airson cluinntinn bhuat tuilleadh. Anns a' mhadainn, bidh tu a' dol do champa Iarla Hunndaidh.'

'Chan eil mi a' tuigsinn, a mhaighstir.'

'Bidh tu a' dol a chumail taic ri Iarla Hunndaidh a' chiad char anns a' mhadainn a-màireach. Tha e furasta a thuigsinn, nach eil? Bidh tu fo a dhìon.'

Tha an saoghal agam air tighinn gu crìch.

'A Shir.' Tha mi a' dèanamh ùmhlachd dha agus a' falbh, na deòir gam dhalladh.

Cnoc Flodden
Fèill Sancti Gorgonii, Martair
(Dihaoine 9 an Lùnastal 1513)

RO ÈIRIGH NA grèine, chaidh iarraidh orm a dhol do phùball an rìgh. Nam bithinn an dòchas air maitheanas fhaighinn bhuaithe, dh'innis a ghiùlan fuar fad às dhomh anns a' bhad nach robh rèiteachadh air inntinn.

Bha an dithis againn sgìth an dèidh oidhche caithrisiche.

'Madainn mhath, a Thòmais. Tha mi an dòchas gu bheil thu deiseil airson falbh do champa Iarla Hunndaidh.'

'Tha, a Shir. Ach tha mi a' guidhe oirbh beachdachadh a-rithist air mo dhìlseachd. Cha do chaidil mi. Cha d' fhuair mi tàmh idir. Fad na h-oidhche, bha mi ag èisteachd ri comhartaich nan con agus geumnaich nan damh.'

'Bidh tuigse nas fheàrr agad, a-rèist, air na h-oidhcheannan a dh'fhuiling mise thar nam bliadhnaichean, a' luasgadh a-null 's a-nall gu briseadh na fàire. Tha mi air meòrachadh gu tric air a' cheist, 'Dè as miosa? A bhith caithriseach fad na h-oidhche a' fulang gathan nimheil mo chionta, no a bhith air mo thilgeil bho throm-laighe gu trom-laighe?' 'S i ceist inntinneach a tha ann, ach chan eil freagairt agam. Ach tha aon nì ann às a bheil mi làn-chinnteach. Chan fhaigh mi maitheanas anns a' bheatha seo. 'S ann do-leighis a tha mo lot.'

'Tha mi gu dearbh duilich mun uallach a th' oirbh, a Shir. Agus duilich gu bheil sibh den bheachd gun do bhrath mi sibh ann an dòigh air choreigin. Bheir mi mo mhionnan dhuibh nach do bhrath, a-riamh.'

'Na bi a' smaoineachadh air tuilleadh an-diugh. Tha mi

a' feitheamh air Alasdair, mo mhac – cluinnidh mi an t-Aifreann; bheir esan na h-Eileamaidean Naomh dhomh. Agus thusa, theirig do champa Iarla Hunndaidh. Gus an leugh sinn na tha ann an inntinn Iarla Surrey, feumaidh sinn a bhith deas gu cath.'

Bha latha mosach ann a-rithist, fliuch le gaoith làidir bhon àird an ear-dheas. Air an t-slighe gu campa Iarla Hunndaidh, choimhead mi a-steach air a' phàillean anns an robh Mgr Eanraig trang ag obair mar-thà, a' cur a h-uile rud air dòigh airson cobhair a thoirt do na fir leònte nuair a thigeadh iad. Bha dusan fear òg còmhla ris – dh'aithnich mi nam measg Raibeart, Uilleam agus Coinneach bhon latha a chuir sinn seachad ann an Norham.

'Tha sinn gu bhith deiseil, a Thòmais. Tha na h-innealan glan agus na sgeinean air an geurachadh. Tha sinn dìreach a' sgrùdadh nan cungaidhean-leighis agus nan stiallan anairt, feuch a bheil gach nì mar bu chòir. Ach carson nach eil thu ann an cuideachd an rìgh?'

Nuair a mhìnich mi an suidheachadh agam dha, dh'iarr e air na fir òga falbh airson greis gus am biodh cothrom againn bruidhinn còmhla gu fosgailte.

'Tha uallach trom air guailnean an rìgh an-diugh ach gabhaidh e seachad. Bidh e a' cur fios ort a-rithist, a Thòmais.'

'Tha mi an dòchas gu bheil sibh ceart, a Mhaighstir. Ach tha e gu math ìosal na inntinn. Nan rachadh blàr a chur an-diugh, cha bhiodh mòran diù aige air a' bheatha aige fhèin.'

'Cha bhi e mì-chùramach, a Thòmais. 'S e rìgh a tha nad mhaighstir ach 's e duine a th' ann cuideachd, mar dhuine sam bith eile an an iomadh dòigh. Chan eil e furasta a bhith a' feitheamh air cath. Bidh eagal air a' mhòr-chuid de dhaoine – tha sin nàdarrach. Ach 's ann le smachd a chumail air an eagal sin a dhearbhar cridhe agus treubhantas. Agus ma bhuannaicheas am fear anns a' chath, bidh mòr-aoibhneas air. Cha bhi cuimhne aige air eagal. Chunnaic mi sin uair agus uair.'

'Dè mu ur deidhinn-sa, a Mhaighstir, agus nam fear-taice agaibh? Am bi sibh sàbhailte an seo, cho faisg air sreathan a' bhlàir.'

'Bithidh. Tha mi an dùil gum bi. Tha riaghailt neo-sgrìobhte aig fir onarach nach dèan iad cron orrasan a bhios a' toirt cùram do na fulangaich faisg air blàr a' chogaidh. Aon uair 's gum bi na fir leònte a' tighinn thugainn, bidh sinn ro thrang airson aire a thoirt oirnn fhìn.'

'Ma tha eagal sam bith oirbh, a Mhaighstir, chan fhairich mi e.'

'Tha thu còir, a Thòmais. 'S ann tric a bhios mi a' smaoineachadh air mo mhac, Gille-Chrìosd, ach tha e sàbhailte còmhla ri mo bhràthair agus a mhnaoi. Tha sin na chofhurtachd dhomh. Ach a thaobh mo bheatha fhìn, tha mi toilichte a cur ann an làmhan Dhè, na h-aon làmhan anns a bheil anam Iseabail.'

Thug mi an aire do dhealbh fiodha air mullach bogsa uidheim. Bha dithis naomh rim faicinn air.

'An robh sibh a' dèanamh ùrnaigh ris na naoimh seo?'

'An dealbh? Thug Hans von Gersdorff dhomh e. Is iadsan na naoimh-taiceil do na lighichean, Naomh Cosmas agus Naomh Damian. Ach cha robh. Cha robh mi a' dèanamh ùrnaigh riutha. Nuair a bha mi ag obair thall thairis, chuala mi beachdan ùra air a' chreideamh Chrìosdail. Bha tòrr dhaoine ann a chanadh gum bu chòir dhuinn a bhith a' dèanamh ùrnaigh ri Dia gu dìreach. Sin a nì mise. Tha ùrnaigh àraidh agam airson latha mar sin, latha a' bhlàir. Bidh na faclan a' cur nam chuimhne nan nithean as cudromaiche.'

'Bidh mi ag ùrnaigh air ur son, a Mhaighstir, gum biodh Dia gur cumail sàbhailte agus gun stiùireadh Esan ur làmhan. Ach tha mi a' cur maille oirbh. Bu chòir dhomh falbh do champa Iarla Hunndaidh.'

'An cuala tu facal air Iarla Surrey an-diugh?'

'Cha chuala, ach 's dòcha gum bi am fios as ùir' aig Iarla Hunndaidh.'

Chuir am maighstir a làmh dheas air mo ghualainn, 'Bidh sinn a' bruidhinn a-rithist.'

***

Tha Iarla Hunndaidh a' cur fàilte orm. Ann am beagan fhaclan, tha mi a' mìneachadh dha toil an rìgh. Tha iongnadh air, ach is gann a tha cothrom aige beachdachadh air a' chuspair – tha fiosrachadh cudromach air ùr-thighinn thuige: tha an t-arm Sasannach a' tighinn thairis air Abhainn Till, gar cuartachadh gu tuath. Tha an rìgh a' gabhail comhairle a' Chomte d'Aussi. Tha a h-uile coltas ann gu bheil Iarla Surrey air cur roimhe an t-slighe againn chun na h-àird' a tuath, agus air ais a dh'Alba, a smachdachadh. Tha cnoc eile ann air ar cùlaibh agus eadar an dà arm, Cnoc Bhranxton. Nam biodh an t-arm Sasannach a' ruigsinn mullach a' chnuic seo bhiomaid ann an staing – tha an cnoc tuath oirnn agus gach uile fear de na gunnaichean-mòra againn a' coimhead chun na h-àird' an ear-dheas air Millfield Plain.

Tha teachdairean a' falbh agus a' tighinn eadar an rìgh agus na seanailearan aige. A dh'aindeoin obair dhìcheallach nam beachdairean Albannach, tha Iarla Surrey air a char a thoirt às an rìgh – tha e air beantainn ris gu fealltach. Timcheall air meadhan-latha, tha an t-òrdugh a' tighinn bhon rìgh – feumaidh an t-arm Albannach agus na gunnaichean-mòra gluasad gu mullach Chnoc Bhranxton cho luath 's a ghabhas. Anns an dòigh sin, bidh sinn fhathast air an talamh àrd, a' sealltainn sìos air na Sasannaich. Ann an ùine ghoirid, tha gach fear, tè agus ainmhidh anns a' champa an sàs anns an obair mhòir seo. Tha ùpraid ann, na fir ri èigheach agus na daimh ri geumnaich. Ged a tha an t-uisge agus a' ghaoth gar liodairt gun tròcair a-rithist, tha a h-uile duine ri a shaothair. Agus 's i saothair chruaidh a tha ann, gu h-àraidh ann a bhith a' slaodadh nan gunnaichean-mòra às na tuill aca agus an uair sin astar dà mhìle thairis air a' mhonadh fhliuch.

Mu mheadhan an fheasgair, tha an t-arm Albannach ga tharraing an òrdugh-catha air Cnoc Bhranxton. 'S i mìorbhail a rinn fir nan gunnaichean-mòra – tha iad air an ath-shuidheachadh ri taobh an airm, ged nach robh ùine gu leòr airson raon buailidh nan gunnaichean a thomhas. Bho àm gu àm, tha sinn a' faighinn plathadh den arm Shasannach tron doilleireachd – tha feachd mòr mu ar coinneamh.

Chithear comharradh bhon rìgh. Tha na gunnaichean-mòra gan losgadh le fuaim a dhùisgeadh na mairbh. Tha gunnaichean nan Sasannach a' freagairt – tha iad nas lugha na na gunnaichean Albannach ach tha iad nas fhasa rin gluasad agus ath-luchdachadh. Nuair nach bi na gunnaichean ri am beucaich, cluinnear èigheach nam fear leònte. Tha an t-adhar làn toite seirbhe. An robh duine sam bith, ach a-mhàin an Comte d'Aussi agus na fir-phìc Fhrangach, an dùil ri sealladh cho oillteil uabhasach?

Tha mi a' fuireach faisg air Iarla Hunndaidh, mar a chaidh àithneadh dhomh. Air muin eich, tha an t-iarla a' toirt sùil air na fir anns a' bhuidhinn aige agus air a cho-sheanailear, am Morair Hume. Tha na fir air an cur nan sioltroman, na pìcean ris, an cliathaichean gan dìon le Gàidheil armaichte le claidheamhan dà-làimhe agus le boghachan agus saighdean. Airson a' chiad uair nam bheatha, tha clogaid iarainn air mo cheann agus lùireach mhàilleach orm. Tha claidheamh agam cuideachd – tha mi duilich a-nis nach do dh'ionnsaich mi na b' fheàrr ciamar a chuirinn gu feum e.

Is sinne a bhios a' dol an aghaidh an nàmhaid anns a' chiad ionnsaigh. Tha sinn a' feitheamh air òrdugh an rìgh.

Seo e. Tha Iarla Hunndaidh a' tarraing a chlaidheimh agus ga thogail an-àird. Mar fhreagairt, tha ceudan de na saighdearan Gàidhealach a' togail iolach àrd – 'An Gòrdanach'. Tha na fir-phìc a' gluasad air adhart gu luath, sìos am bruthach. Tha mi a' leantainn an iarla, ann am meadhan buidhne bige de dh'fhir-armaichte.

Iar-fhacal air Blàr Flodden

Anmoch air an fheasgar, sheas am feachd Albannach agus am feachd Sasannach mu choinneamh a chèile. Bha na h-Albannaich aig mullach Chnoc Bhranxton, na Sasannaich air an fhaiche fòdhpa agus tuath orra.

Bha arm Rìgh Sheumais air a roinn ann an còig buidhnean: anns a' mheadhan bha roinn-fheachd mhòr anns an robh mòran shioltroman de dh'fhir-phìc; bha an rìgh fhèin aig a ceann – mu a coinneamh bha buidheann Iarla Surrey armaichte le *billhooks*, mar a bha a' mhòr-chuid den arm Shasannach;

air an taobh chlì, bha buidheann anns an robh fir nan crìochan armaichte le pìcean agus Gàidheil le claidheamhan agus boghachan agus saighdean; b' iad Iarla Hunndaidh agus am Morair Hume a bha os an cionn – mun coinneamh bha saighdearan-coise fo stiùireadh Edmund Howard;

eadar an dà bhuidhinn seo, bha roinn-fheachd na bu lugha de dh'fhir-phìc; b' iad Iarlan Errol, MhicCreamhainn agus Mhontròis a bha os a cionn – mu a coinneamh bha buidheann an Àrd-mharaiche Thòmais Howard;

air taobh deas an rìgh, bha buidheann Ghàidhealach ann le claidheamhan agus boghachan fo stiùireadh Iarlan Earra-Ghàidheal agus an Leamhnachd – ged nach robh iad air blàr a' chogaidh aig an toiseach, bhiodh fir-bhogha a' Mhorair Stanley a' toirt ionnsaigh orra ro dheireadh an latha;

air cùlaibh roinn-fheachd an rìgh bha buidheann Iarla Bhoth Chluaidh aig an robh an dleastanas a bhith na cùl-cuideachd;

bha buidheann a bharrachd aig na Sasannaich – fir nan crìoch air muin eich fo stiùireadh a' Mhorair Dacre; thòisich iad mar chùl-cuideachd ged a rachadh iad a dh'àite sam bith air blàr a' chogaidh far am biodh iad feumail.

Cha do shoirbhich le gunnaichean-mòra Rìgh Sheumais idir – ma dh'fhaodte nach robh an raon buailidh ceart agus bha na h-urchraichean a' dol seachad air cinn nan Sasannach, no ma dh'fhaodte gun robh na clachan mòra a thilg iad a' stad anns a' pholl seach a bhith a' ruith sìos am bruthach a-steach don arm Shasannach. Bha gunnaichean nan Sasannach na bu shoirbhicheile buileach. Rinn iad sgrios uabhasach air na h-Albannaich. Dh'fheumadh an Rìgh Seumas stad a chur air seo le bhith a' tòiseachadh ionnsaigh nan saighdearan-coise.

B' i roinn-fheachd Iarla Hunndaidh agus a' Mhorair Hume a chaidh air adhart a shabaid an aghaidh an nàmhaid an toiseach. Cha b' fhada gus an do chuir iad an ruaig air buidhinn Edmund Howard. Às an dèidh, b' i roinn-fheachd Iarlan Errol, MhicCreamhainn agus Mhontròis a chaidh air aghaidh. Ged a bha an t-slighe a ghabh iad faisg air slighe fir Iarla Hunndaidh, bha aca ri dhol sìos am bruthach, thairis air boglach agus an uair sin suas am bruthach mus coinnicheadh iad ris an t-sreath Shasannach. Anns a' pholl, chaill iad cumadh teann nan sioltroman. Bha an talamh cho fliuch 's gun do stad na fir-phìc gus an cuireadh iad dhiubh na bòtannan aca. Rinn gunnaichean agus boghachan nan Sasannach milleadh mòr orra.

B' i roinn-fheachd mhòr an rìgh a rinn an treas ionnsaigh. A-rithist, bha aig na saighdearan ri strì an aghaidh na talmhainn fhlich mus do ràinig iad sreathan Iarla Surrey. Dh'fhosgail na sreathan fan comhair, ach dh'fhaodadh e a bhith gun robh seo na ro-innleachd. Chuartaich na fir-airm Shasannach na h-Albannaich agus rinn iad ionnsaigh an aghaidh cliathaichean nan sioltroman far nach robh fir-chlaidheimh agus fir-bhogha gu leòr gan dìon. Thilg mòran de na h-Albannaich sìos na pìcean agus tharraing iad na claidheamhan aca. Ach b' e na *billhooks* aig na Sasannaich a bhuannaich an latha – bha iad ochd troighean a dh'fhaid, agus bha an t-arm Sasannach gu math ionnsaichte sgileil gan cleachdadh.

Chaidh buidheann Iarla Bhoth Chluaidh air adhart gus taic a thoirt do roinn-fheachd an rìgh ach lean an casgradh air. Bha Iarlan Earra-Ghàidheal agus an Leamhnachd a' coimhead air a' bhlàr bhon taobh dheas ach cha d' fhuair iad òrdugh bho dhuine sam bith a thaobh cuin a rachadh iad an sàs – bha iad ann an imcheist dè a dhèanadh iad. Air an taobh chlì, bha Iarla

Hunndaidh agus am Morair Hume ri deasbad co-dhiù a bu chòir dhaibh a bhith a' dol a thoirt taic don rìgh. A rèir cuid de na h-eachdraichean, cha robh am Morair Hume airson sabaid an aghaidh marcaichean a' Mhorair Dacre – fear nan crìochan eile – a bha air gluasad eadar iadsan agus roinn-fheachd an rìgh.

Gun sùil riutha, nochd fir-bhogha a' Mhorair Stanley air cùlaibh saighdearan Iarlan Earra-Ghàidheal agus an Leamhnachd agus rinn iad milleadh mòr orra leis na saighdean aca – cha robh lùirichean màilleach no clogaidean air na Gàidheil. Cha robh roghainn aca ach a bhith a' sgapadh.

Ann am meadhan na faiche, rinn Rìgh Seumas sabaid dhian a dh'ionnsaigh Iarla Surrey fhèin ach mharbhadh e mu fhaid sleagha bhon iarla. Thathar a' creidsinn gun deach an rìgh a bhualadh anns a' ghiall le saighead mus do gheàrr saighdear amhach le *billhook*. Nuair a chaidh bratach an rìgh às an t-sealladh, thug na h-Albannaich dùil thairis agus dh'fhalbh iad às an fhaiche mar a b' urrainn dhaibh.

Cha deach an latha leis na h-Albannaich ged a thathar a' creidsinn nach robh an t-arm aca na bu lugha na an t-arm Sasannach agus gun robh na gunnaichean aca mòran na bu chumhachdaiche. Tha e doirbh a bhith cinnteach cia mheud fear-armaichte a sheas air blàr Flodden. Anns ann leabhar aige, *Fatal Rivalry, Flodden 1513*, sgrìobh George Goodwin gun deach 42,000 saighdear Albannach thairis air Uisge Thuaidh air 22mh an Lùnastal. Air an làimh eile, tha Peter Reese (*Flodden, A Scottish Tragedy*) den bheachd gun do chaill 10,000 Albannach am beatha air a' bhlàr. Ma tha Mgr Reese ceart, chan eil e coltach gun robh còrr is 20,000 Albannach a' dèanamh sabaid air 9mh an t-Sultain, bha an casgradh cho uabhasach, agus dh'fhaodadh e a bhith gun robh an àireamh na bu lugha. Bha trèigsinn agus tinneas air milleadh mòr a dhèanamh air arm Rìgh Sheumais a Ceithir. Anns an leabhar aca, *The Battle of Flodden 1513*, tha John Sadler agus Rosie Serdiville air sgrìobhadh gun robh eadar 16,000 agus 26,000 fear-armaichte ann am feachd Iarla Surrey.

Tha na h-eachdraichean ri deasbad fhathast air adhbharan

a' chall uabhasaich: an talamh fliuch a chuir bacadh air na sioltroman-pìc – bha an t-uisge air a bhith ann fad seachdaine agus bha an talamh mar bhoglaich; eòlas-catha agus seòltachd Iarla Surrey; agus rag-mhuinealas an Rìgh Sheumais. Bha call nan Albannach mòr mòr – am measg an deich mìle a chaill am beatha bha Rìgh Seumas agus Alasdair, a mhac, agus a' mhòr-chuid de na h-àrd-uaislean agus de na pearsachan-eaglais. Theich Iarla Hunndaidh agus am Morair Hume leis na bha air fhàgail de na fir aca. Bu ghann na h-àrd-uaislean Albannach a chaidh a chur an grèim airson èirig – rud glè neònach mun chath seo. Tha coltas ann gum b' i an àithne Shasannach a bhith 'gun tròcair' ('no quarter') a bha ri coireachadh. Ghlacadh an Ridire Iain Forman, bràthair don Easbaig Anndra Forman, ge-tà – thathar a' creidsinn gun do cho-dhearbh esan, còmhla ris a' Mhorair Dacre, corp lom leònte an Rìgh Sheumais.

Chaill Mgr Eanraig Leich a bheatha aig Blàr Flodden. Ma dh'fhaodte gun do chuir e seachad am feasgar ag obair anns a' phàillean aige, a' cleachdadh a chuid sgilean airson math nam fulangach. Thathar a' clàradh gun do thog fir nan crìochan Shasannach creach bhon champa Albannach fhad 's a bha am blàr fhathast a' dol agus às a dhèidh. Ghoid iad na daimh, na h-eich agus rud sam bith luachmhor air an gabhadh iad grèim. Mhurt iad na h-Albannaich a bha air cùlaibh sreathan a' bhlàir fhad 's a bha iad ri an obair. 'S dòcha gun do thilgeadh corp Mhgr Eanraig Leich, air a lomadh de dh'aodach, ann an tè de na h-uaighean a bhathar a' cladhach air faiche Flodden anns na làithean a lean.

Thill Seòras, Iarla Hunndaidh, don chaisteal aige ann an Siorrachd Obar Dheathain. Chan eil fios aig duine sam bith dè a dh'èirich do Thòmas, amadan an rìgh. Chan eil sgeul air ainm tuilleadh ann an cunntasan nan Albannach.

Iar-fhacal an Ùghdair

Cho fad 's a b' urrainn dhomh, stèidhich mi eachdraidh-beatha Rìgh Sheumais a Ceithir air na sgrìobh Norman MacDougall anns an leabhair aige *The Stewart Dynasty in Scotland, James IV* (Tuckwell Press, East Linton 1997).

Fhuair mi fiosrachadh air na Peutanaich anns an leabhar *The Beatons, A Medieval Kindred in the Classical Gaelic Tradition* le John Bannerman (John Donald, Edinburgh 2015).

Thàinig an caractar Tòmas, amadan an rìgh, bhon bhàrdachd a sgrìobh Uilleam Dunbar – 'Now Lythis of ane Gentill Knycht' mar a nochdas e anns an leabhar *The Makars* deasaichte le J A Tasioulas (Canongate Books Ltd, Edinburgh 1999).

Stèidhich mi fèillean na h-Eaglaise ann an 1513 air a' mhìosachan a nochdas anns an leabhar *Legends of Scottish Saints. Readings, Hymns and Prayers for the Commemorations of Scottish Saints given in the Aberdeen Breviary* deasaichte le Alan MacQuarrie (Four Courts Press Ltd, Dublin 2012). Tha mi an comain an leabhair seo airson fiosrachadh mu ghnàthannan na h-Eaglaise meadhan-aoisiche agus mu *Opus Dei*.

Tha sgeulachd Iain Damian furasta ri lorg air-loidhne ach fhuair mi barrachd fiosrachaidh air ailceimigear an rìgh anns an leabhar *Humour and Humanism in Chemistry* le John Read (G Bell & Son Ltd, London 1947). B' iad na bràithrean Harold agus Frank Barnwell à Sruighlea a chaidh air iteig ann am plèana le einnsean airson a' chiad uair ann an Alba – os cionn achadh faisg air carragh-cuimhne Uallais ann an 1909 – https://www.scotsman.com/news/honour-scotlands-answer-wright-brothers-2467801

Fhuair mi fiosrachadh mu làithean tràtha Oilthighean Ghlaschu agus Obar Dheathain anns na leabhraichean *The University of Glasgow 1451 to 1951* le J D Mackie (Jackson, Son and Company, Glasgow 1954), *Kings College Chapel Aberdeen. Its Fittings, Ornaments and Ceremonials in the Sixteenth Century* le Francis C Eeles (Aberdeen University Press, Aberdeen 1956) agus *Aberdeen Before 1800. A New History* deasaichte le E Patricia Dennison, David Ditchburn agus

Michael Lynch (Tuckwell Press, East Linton 2001).

Bha trì sgeulachdan an t-seanchaidh bho Ghlinn Eilg air am brosnachadh leis na sgeulachdan a leanas: 'Fearachur Leigh' ann an *Tales of the West Highlands, Volume II* air an eadar-theangachadh le J F Campbell (Birlinn, Edinburgh 1994); 'The Ancient Coffer of Nuri Bey' ann an *Tales of the Dervishes* le Idries Shah (Panther, St Albans 1973); agus 'Paul of the Thong' ann an *Scottish Traditional Tales* deasaichte le A J Bruford agus D A MacDonald (Birlinn, Edinburgh 2018) – ged a b' i an aiste 'The Gaelic Literary Tradition' le Iain MacAonghais ann an *Dùthchas nan Gàidheal. Selected Essays of John MacInnes* deasaichte le Michael Newton (Birlinn, Edinburgh 2006) a ghlac m' aire anns a' chiad dol-a-mach.

Bha an leabhar *The Place-Names of Bute* le Gilbert Márkus (Shaun Tyas, Donington 2012) air leth cuideachail ann a bhith a' mìneachadh dhomh an ainm-àite 'Kildavanan' air Eilean Bhòid. Airson ainmean-àite san fharsaingeachd chleachd mi an làrach-lìn https://www.ainmean-aite.scot, an leabhar *Place-names of Scotland* le Iain Taylor (Birlinn, Edinburgh 2011) agus *The Celtic Place-names of Scotland* le W J Watson (Birlinn, Edinburgh 2004).

Am measg nan leabhraichean a leugh mi air leigheas anns na meadhan-aoisean, tha mi fada an comain nan leabhraichean a leanas: *Regimen Sanitatis* deasaichte le H Cameron Gillies (Glasgow University Press, Glasgow 1911), *The Apologie and Treatise of Ambroise Paré*, deasaichte le Geoffrey Keynes (Falcon Educational Books, London 1951), *Hortulus* le Walahfrid Strabo, air eadar theangachadh le Raef Payne (The Hunt Botanical Library, Pittsburgh, Pennsylvania 1966), *Great Ideas in the History of Surgery* le L M Zimmerman agus I Veith (Dover Publications, New York 1967), *A Description of the Western Isles of Scotland ca 1695 and A Late Voyage to St Kilda* le Martin Martin (Birlinn, Edinburgh 1999), *Leprosy in Medieval England* le Carole Rawcliffe (Boydell Press, Woodbridge 2006), agus *Healing Threads* le Mary Beith (Birlinn, Edinburgh 2018).

Fhuair mi fiosrachadh mu eachdraidh nan ròsan anns an artaigil, 'Roses in the Middle Ages', le Mia Touw, *Economic Botany* 1982, 36, 71-83. Rinn Ruth Goodman tuairisgeul air mar a rinneadh ola nan ròsan anns an t-siathamh linn deug anns an leabhar *How to be a Tudor. A Dawn to Dusk Guide to Everyday Life* (Pengin, Random House 2015). A thaobh ainmean nan luibhean, chuir mi gu feum na leabhraichean *The Gaelic Names of Plants* le John Cameron (John Mackay, Glasgow 1900) agus *Gaelic Names of Plants, Fungi and Animals* le Ellen I Garvie (Clò Ostaig, Slèite, an t-Eilean Sgitheanach 1999).

Rinn mi rannsachadh air Blàr Flodden anns na leabhraichean: *Flodden, A Scottish Tragedy* le Peter Reese (Birlinn Ltd, Edinburgh 2003); *The Battle of Flodden 1513* le John Sadler agus Rosie Serdiville (The History Press, Stroud 2013); agus *Fatal Rivalry, Flodden 1513* le George Goodwin (Weidenfield and Nicolson, London 2014). A thaobh obair-lannsa air blàr a' chogaidh, bha an leabhar le Richard A Gabriel cuideachail dhomh – *Man and Wound in the Ancient World. A History of Military Medicine from Sumer to the Fall of Constantinople* (Potomac Books, Dulles, Virginia 2012).

Fhuair mi fios air cogaidhean na Roinn Eòrpa anns na leabhraichean a leanas: *Charles the Bold* le Richard Vaughan (Boydell Press, Rochester 2002) agus *The Italian Wars 1494-1559* le Christine Shaw agus Michael Mallett (Routledge, Abingdon, 2nd Edition 2019).

Tha mi an comain làrach-lìn Dachaigh airson Stòras na Gàidhlig (DASG).

Chaidh na rannan den t-Seann Tiomnadh ann an Laideann a lorg anns an leabhran *Compline* (Angelus Press, Missouri 2012) agus air an làraich-lìn: http://www.latinvulgate.com agus na rannan anns a' Ghàidhlig bhon Bhìoball a dh'fhoillsich Comann-Bhìoball Dùthchail na h-Alba, Dùn Èideann, ann an 1992.

Bu toil leam mo bhuidheachas a chur an cèill do Joan NicDhòmhnaill, an deasaiche aig Luath Press, do Bheathag Mhoireasdan, a dhearbh-leugh an sgriobt, agus do John Storey aig Comhairle nan Leabhraichean airson mo chuideachadh.

Bu toil leam mo thaing a thoirt do na daoine a leanas:
Eileen, mo bhean, airson a foighidinn agus a taice,
Katie Cooper, airson a sgilean coimpiutaireachd,
Dòmhnall Iain MacLeòid, Glinn Eilg, airson a chàirdeis agus airson

mo chuideachadh ann an iomadh cuspair Gàidhlig,

Carola MacCallum, a dh'eadar-theangaich gu Beurla pìosan bhon t-seann Ghearmailtis a thaobh eachdraidh-beatha Hans von Gersdorff,

Brian McCallion, neach-ealain, airson a chead gus an dealbh aige, 'Ploughed Fields and Copse, etching and aquatint, 1978' a chleachdadh mar chòmhdach-aghaidh an leabhair.

Nam biodh sibh airson an tuilleadh fhaighinn a-mach air obair an ùghdair, tadhal air an làraich-lìn aige: criomagan.com

Faclair
(Briathrachas Gàidhlig agus Beurla a nochd anns an leabhar)

A

abhlan – wafer, such as might be used for Holy Communion

Achd a' Chead – the Act of Dispensation. This act laid down that the heirs of any man killed, fatally wounded, or dying from disease while serving with the army would be exempt from the usual taxes consequent on death. A similar arrangement had been made previously in advance of major battles in Scotland, Harlaw and Bannockburn amongst them, and even before lesser conflicts.

Àird nan Saor – Ardersier, Highland Region

Allt a' Bhonnaich – Bannockburn, Stirling Region

athair-liath – sage, the herb

B

Baile Dhubhthaich – Tain, Ross-shire, Highland Region

bàirlinn – a summons

barraisd – borage, the herb

bealaidh – broom, the plant

bean-coimheadachd – lady in waiting

Beul Feirste – Belfast, Northern Ireland

biadh-lann – refectory

bogha-tarsainn – crossbow

Both Chluaidh – Bothwell, South Lanarkshire

Breviarus Aberdonensis – the Aberdeen Breviary. A breviary was one of the books used for daily worship in the Church alongside Mass books and the Psalter. The Aberdeen Breviary gave a calendar of saints' days and festivals followed by specific prayers and readings for the various times of prayer throughout these days. The Aberdeen Breviary was printed in 1510, in Latin, the product of the efforts of many scholars among whom Bishop Elphinstone was prominent. This breviary replaced some of the saints celebrated in the Roman calendar with seventy Scottish saints, thus giving Scotland its own unique breviary.

Breviarus Sarum – the Sarum Breviary. See above for general comments on the breviary. Sarum was an early name for Salisbury, one of England's cathedral cities. Cathedral cities produced their own liturgical books based on earlier works attributed to Pope Gelasius and Pope Gregory. The Sarum Use was particularly popular and became the dominant one for Christian worship in the Roman tradition in Britain in the medieval period.

a' bhuinneach mhòr – dysentery

C

Caisteal Scolpaig – a castle which may have been on the site of the present Scolpaig Tower in North Uist. This is the location given for the murder of Donald Hearach in the story 'Paul of the Thong' which appears in *Scottish Traditional Tales* edited by A J Bruford and D A MacDonald. This book's details are given in Iar-fhacal an Ùghdair.

Caisteal Taranaich – Darnaway Castle, Moray

cadalan – opium poppy. See entry under 'spong suainealach'.

an Caidreabh Naomh – the Holy League which was proposed by King Ferdinand of Aragon and proclaimed in Rome in October 1511. Pope Julius II and the Venetians were the other members of this league at the outset, but Ferdinand was keen to include Henry VIII of England. The Holy League was ostensibly for the benefit of the Papacy but chiefly intended to act as a restraint on

King Louis XII's ambitions to capture territory in Italy.

caiteas – lint

Camus Cinaetha – Cambuskenneth, Stirling Region

caolach – wattle

Carraig Fhearghais – Carrickfergus, Co Antrim, Northern Ireland

Cataibh – Sutherland, Highland Region

ceangailteach – astringent, making tissues bind together and contract

ceàrn ceart – a right angle

ceàrraiche – a gambler

cian-annasach – exotic

Cille DoBheanain – Kildavanan, Isle of Bute (see Naomh Beanan)

an cliathan – the sternum

cnàimh caol na lurgainn – the fibula. The smaller of the two long bones of the leg and calf.

cnàimh mòr na lurgainn – the tibia. The larger of the two long bones of the leg and calf.

Cnoc an Easbaig – Knockespock, Aberdeenshire. The house and estate lie just below the northwest slope of the pass from Donside to Strathbogie on what is believed to be the old 'king's road' from Edinburgh to Inverness. In the late medieval period, it was the rural residence of the Bishops of Aberdeen.

commendator – a cleric or layperson who held a benefice, such as an abbey, *in commendam*, i.e. in trust, as compared to a monk blessed as abbot who held his office by entitlement (*in titulum*). Prior to Flodden, there were few commendators in Scotland, the most common holder being a bishop who thus controlled an abbey in addition to his diocese.

Compline – see 'Opus Dei' below. Compline is the last of the nine offices of daily prayer. It sums up the themes of the earlier prayers of the *Opus Dei* but it has a very distinct tone, or emphasis, of its own: it asks earnestly and with confidence for peace at the end of the day and, in a parallel sense, for a happy death.

corp na h-eaglaise – the nave of the church

An Corran – Corran, Black Isle and Mid Ross, Highland Region

craobh nan smeur – the mulberry tree. See entry under 'spong suainealach'.

crìonnachd – prudence, wisdom

Cromba – Cromarty, Black Isle and Mid Ross, Highland Region

cros-lann – transept

Cruth-atharrachadh – (the Feast of the) Transfiguration

Cùmhnant na Sìthe Buaine – the Treaty of Perpetual Peace. This treaty was signed in 1502, the year before the wedding of James IV and Margaret Tudor. The early years of James IV's reign had been marked by recurring hostilities between Scotland and England. The treaty was agreed after much diplomatic activity, in which Andrew Forman, Bishop of Moray, was one of the chief Scottish negotiators. It was a complex and detailed document. Excommunication of the king who broke the terms of the peace was to be written into the agreement, with Papal approval.

D
dìsnean – the game of dice

E
earradh – (a monk's) habit

F
fàinne-tofais – a topaz ring

Fachabairs – Fochabers, Moray

an fhaoileag – the saying 'cho còir ris an fhaoileig' may seem counter-intuitive. The author was taught that the saying might have its origin in the way a seagull regurgitates food from its stomach for a chick. An alternative explanation is given in *Faclan is Abairtean à Ros an Iar* compiled by R Wentworth (Clàr, Inbhir Nis 2003) – 'theirear seo a chionn 's dar a gheobh an fhaoileag biadh a shìneas i air goirsinn, a dh'innse dha na faoileagan eile gum bheil biadh ann – tha i còir sa dòigh sin' (page 418, under 'kind-hearted'). Some authorities, however, consider it to be ironic. The following link gives further information on this saying:

https://scotlandsnature.blog/2019/08/23/faoileagan-nan-seanfhaclan-seagulls-of-many-proverbs/

Farrais – Forres, Moray

Fear-gleidhidh an t-Seula Dhìomhair – the Keeper of the Privy Seal

Fìobha – the county of Fife

Foirgheall Obar Bhrothaig – the Declaration of Arbroath

folachdan – a blood feud

fosadh-aimhreit – a truce

fuil-chasgadh – a styptic, blood staunching medication

G

gafainn – henbane or stinking nightshade. A poisonous plant of the nightshade family. It contains numerous chemicals with physiological effects, among them hyoscyamus which has pain relieving properties. See entry under 'spong suainealach'.

gainmhein – a grain of sand

an galar Frangach – one of the terms used to refer to the disease of syphilis

Glinn Eilg – Glenelg, Ross shire

Glinn Iucha – Linlithgow, West Lothian

goilean – a taper

greimeire gob feannaich – crow's bill forceps. A surgical instrument resembling a pair of pliers with a beak shaped end which might be used for gripping a small structure such as a blood vessel, or fragments of broken bone in a wound.

grig – also grige, grid or gride – a tiny creature believed, in the folk medicine of the people of the Highlands and Islands, to be implicated in the transmission of disease. It is described by Mary Beith in *Healing Threads* – she gives as one of her sources the paper 'Medicine among the Gaelic Celts' by J J Galbraith (*Transactions of the Gaelic Society of Inverness*, pages 63–78, volume 39/40, 1942–1950). Dr Galbraith made the comment that this theory was 'an almost exact anticipation of modern science' regarding microbial infection.

H
Hospicium – the area of the university in which the students had their residence

Hunndaidh – Huntly, Aberdeenshire

I
Inbhir Aileachaidh – Inverallochy, Aberdeenshire

ìoc-chomhdach – a dressing, such as used to cover a wound

an t-ionad-coisrigte – the sanctuary

iteodha – hemlock. A plant of the carrot family which grows in the British Isles. It is very poisonous to humans and animals. Some of the toxic chemicals it contains act on the body in a similar way to nicotine. See entry under 'spong suainealach'.

L
Lagh Reachd-eaglais – Canon Law

Lagh Sìobhalta – Civil Law

Lauds – see 'Opus Dei' below

an Leamhnachd – Lennox, Dunbartonshire

lèigh-losgadh – cautery

leth-eilean – peninsula

leusaich, leusachadh – blister, blistering

Lìdeasdal – Liddesdale, Roxburgh

lionnraich, lionnrachadh – exude, exuding or discharging fluid

lùireach – a type of seaweed. Martin Martin wrote of finding a seaweed which he called 'linaric' used medicinally as a dressing in Skye. John Cameron gives the Gaelic names 'lianach' and 'linnearach', and suggests that the latter name may have its origin in 'linne'. Mary Beith suggests that the plant may be 'lùireach' because it has the appearance of a small cloak when fresh. For details of these authors' works, see Iar-fhacal an Ùghdair.

lùireach mhàilleach – a coat of chain-mail armour

lus nan cnàmh briste – comfrey, one of several names for this herb

M
Magister Artium – the Master of Arts degree

mandraga – the mandrake, a plant native to the Mediterranean area. The root of the plant contains chemical substances which can cause unconsciousness. It was used in early attempts to induce anaesthesia. See entry under 'spong suainealach'.

Mattins – see 'Opus Dei' below

meacan-dubh – comfrey, one of several names for this herb

meirghe – standard, the distinctive flag of a family

miasma – one of the medieval theories of disease was that it could be transmitted by noxious air, miasma, identifiable by its unpleasant smell and containing particles of decomposing matter.

mòinteach liath – Sphagnum moss

monstrantia – a monstrance. A device, often ornate and made of precious metals, used to display a consecrated host for devotional purposes.

N

Naomh Dubhthach – St Duthac

Naomh Beanan – St Beanan, or St Benén. He is believed to have been a disciple of St Patrick in the 5th century CE. He may have given his name to Kildavanan in Bute, Kilvannan in Uist and Kilbennan in Galway, Ireland.

naomh-thaisg – a sacristy. There was such a room for the keeping of relics at the south east corner of the Church of St Duthac in Tain, but it was later demolished.

Neig – Nigg, Easter Ross, Highland Region

O

Obar Dheathain – the city of Aberdeen grew from two separate burghs: Old Aberdeen around the River Don, and the market and fishing town of Aberdeen around the River Dee. The mouths of these rivers, which enter the sea just over a mile distant from one another, had attracted human settlement from Stone Age times. St Machar is believed to have built a church near the River Don in the 6th century and the site was elevated to be a bishop's see in the 12th century – the same era in which there is the first mention in a papal document of the St Nicholas Church, the large and impressive parish church of the market town. In 1494, King James IV made the cathedral city of Old Aberdeen a true and free burgh for ever. A conjectural map of Aberdeen circa 1500 showing the two burghs separated by approximately a mile of open country crossing the Spital Hill appears in *Aberdeen Before 1800. A New History* – the details of this book are given in Iar-fhacal an Ùghdair.

Opus Dei – the Divine Office. Seven offices, or acts of worship, in addition to celebration of the Mass, were appointed for each day in the medieval Church. The day began before first light with Mattins and and then Lauds, sometimes with little or no break between them; Prime, Terce, Sexte and None followed, theoretically at the first, third, sixth and ninth hours of daylight; Vespers was the evening office and Compline was sung just before bedtime.

oxycrate – a mixture of water and vinegar used for surgical wound dressings

P
a' phlàigh – the plague. This term was used for a number of different contagious and potentially fatal diseases. The Great Plague was an outbreak of infectious disease which would now be termed either bubonic plague or pneumonic plague, caused by the specific microorganism *Yersinia pestis* and spread by fleas usually resident on rats.

poitigeir – an apothecary

purgadair – purgatory

R
ròs Moire – rosemary, the herb

S
Sàghadal – Saddell, Argyll and Bute

saighdear-tochlaidh – a pioneer, in the military sense – a soldier employed for construction or engineering tasks, in this case levelling ground ahead of cannon.

sàilean – an inlet of the sea

Seansailear na h-Alba – Chancellor of Scotland. This was the highest secular position in Scotland at the time, after that of the king and queen.

sgàilean an ròid – the rood screen. This structure formed a screen between the nave of the church building and the sanctuary containing the altar and choir stalls.

sgàil-thaigh – a porch, e.g. of a church building

sgìre-easbaig – a diocese

sioltrom – a schiltron. A tight formation of soldiers carrying long pikes.

slis – a splint

Spiothain – Spynie, Moray

spong-suainealach – a sponge containing a dried blend of narcotic herbs which would induce coma if given at the correct dosage. The use of this type of sponge seems to have disappeared after the late medieval and early Renaissance period, perhaps because it would have been very dangerous to use, fatal overdose being a distinct possibility. Alternative explanations are suggested in the article 'The Ancestors of Inhalational Anaesthesia: The Soporific Sponges (xIth–xvIIth Centuries)' by P Juvin and J-M Desmonts, *Anesthesiology* 2000; 93: 265–9, available to read at https://anesthesiology.pubs.asahq.org/article.aspx?articleid=1945901

The combination of plant extracts described in the novel is based on the writings of Theodoric (1205–c1296) as cited in *Great Ideas in the History of Surgery* by L M Zimmerman and I Veith. The details of this book are given in Iar-fhacal an Ùghdair.

Srath Bhalgaidh – Strathbogie, Aberdeenshire

Srath Dheadhain – Strathdon, Aberdeenshire

Srath Thuaidh – the Tweed Valley

an Sruthan Fuar – Coldstream, Berwickshire

sùgh cadalain – juice of the poppy. See entry under 'spong suainealach'.

T
Taigh Mhàrtainn – Whithorn, Dumfries and Galloway

teanchair – forceps

Teine Naoimh Antòin – St Anthony's Fire. This was a term most commonly applied to those suffering from the effects of ergot poisoning. The disease, also known as ergotism, seems to have been first recognised in Limoges, France, in 943 AD when sufferers compained of agonising limb pains, spasms and a feeling of internal burning. If the disease was not rapidly fatal, gangrene not uncommonly developed in the limbs. Tens of thousands of deaths from St Anthony's Fire are believed to have occurred in a single year. From the beginning, the Church erected hospitals to care for those affected, the sick being entrusted to the care of St Anthony. The condition was caused by eating rye infected with the fungus *Claviceps purpura,* although this was not recognised until the end of the 16th century. Ergotism may not have been the only disease to be named St Anthony's Fire. Erysipelas – an infection of the skin and subcutaneous tissues caused by the bacterium *Streptococcus pyogenes* might have caused similar presenting features. In the pre-Penicillin era, a spreading infection might rapidly lead to toxaemia ('blood poisoning') and death. Survivors, particularly those with poor general health prior to the infection, might be left with areas of gangrenous skin.

tinne – a link (of a chain)

treamsgal – spoil, from a mine

trepann – nowadays more commonly called a trephine, a surgical instrument with a saw blade designed to cut out a circular piece of bone, e.g. 3cm in diameter. It was fixed to a brace and bit.

tùs-litreach – initial (of a name)

U
Uachdar Àrdair – Auchterarder, Perth and Kinross

Uisge Thuaidh – the River Tweed

Luath foillsichearan earranta
le rùn leabhraichean as d'fhiach a leughadh fhoillseachadh

Thog na foillsichearan Luath an t-ainm aca o Raibeart Burns, aig an robh cuilean beag dom b' ainm Luath. Aig banais, thachair gun do thuit Jean Armour tarsainn a' chuilein bhig, agus thug sin adhbhar do Raibeart bruidhinn ris a' bhoireannach a phòs e an ceann ùine. Nach iomadh doras a tha steach do ghaol! Bha Burns fhèin mothachail gum b' e Luath cuideachd an t-ainm a bh' air a' chù aig Cù Chulainn anns na dàin aig Oisean. Chaidh na foillsichearan Luath a stèidheachadh an toiseach ann an 1981 ann an sgìre Bhurns, agus tha iad a nis stèidhichte air a' Mhìle Rìoghail an Dùn Èideann, beagan shlatan shuas on togalach far an do dh'fhuirich Burns a' chiad turas a thàinig e dhan bhaile mhòr.
Tha Luath a' foillseachadh leabhraichean a tha ùidheil, tarraingeach agus tlachdmhor. Tha na leabhraichean againn anns a' mhòr-chuid dhe na bùi am Breatainn, na Stàitean Aonaichte, Canada, Astrà Sealan Nuadh, agus tron Roinn Eòrpa – 's mura bhe iad aca air na sgeilpichean thèid aca an òrdachadh d Airson leabhraichean fhaighinn dìreach bhuainn fhìi cuiribh seic, òrdugh-puist, òrdugh-airgid-eadar-nàiseanta neo fiosrachadh cairt-creideis (àireamh, seòladh, ceann-latha) thugainn aig an t-seòladh gu h-ìseal. Feuch gun cuir sibh a' chosgais son postachd is cèiseachd mar a leanas: An Rìoghachd Aonaichte – £1.00 gach seòladh; postachd àbhaisteach a-null thairis – £2.50 gach seòladh; postachd adhair a-null thairis – £3.50 son a' chiad leabhar gu gach seòladh agus £1.00 airson gach leabhar a bharrachd chun an aon t-seòlaidh. Mas e gibht a tha sibh a' toirt seachad bidh sinn glè thoilichte ur cairt neo ur teachdaireachd a chur cuide ris an leabhar an-asgaidh.

Luath foillsichearan earranta
543/2 Barraid a' Chaisteil
Am Mìle Rìoghail
Dùn Èideann EH1 2ND
Alba
Fòn: +44 (0)131 225 4326 (24 uair)
Post-dealain: sales@luath.co.uk
Làrach-lìn: www.luath.co.uk